乌合之众

群体心理学

[法] 古斯塔夫·勒庞 著　董强 译

Psychologie des foules

目 录

第二篇

第三篇

个体具有控制他的反应的能力，而群体则失去了这一能力。

群体是匿名的，因此也是不负责任的。一直控制住个体的责任感，会完全消失。
所以，他会特别容易放纵自己。

Atherson

掌握了震撼群体想象力之道，便是掌握了统治之道。

夸张、断言、重复，永不试图运用理性去证明什么，
这就是在民众集会时，演说家们最擅长使用的伎俩。

译者序

最初，我对翻译《乌合之众》是有抵触的。因为社会上已经有了诸多版本。不仅有从英语翻译的，也有直接从法语翻译的。作为译者，每个人的精力都有限，所以最好把有限的精力用在没有被介绍到国内来的作品上。然而，一方面是作家榜的热情和执着，另一方面，在翻阅了已有的译本之后，我还是产生了一种困惑，觉得也许它们离原文有不少距离。换句话说，有可以改进的余地。

在重读了勒庞的原作之后，我的这种感觉愈发强烈。为了进一步确定自己的感觉没有误差，从去年开始，我阅读了勒庞的其他一些著作，尤其是《人与社会：起源与历史》《教育心理学》等，对勒庞在《乌合之众》中的立意、研究方法和表述方式，都有了一定的重新认识。2016年年底，当我走出法兰西学院的院士图书馆的时候，就正式确定了要答应翻译或者说重译《乌合之众》。整个翻译过程充满了考验。经过一年的工作，我希望交出了一份比较令人满意的答卷，也有待读者的评判。

需要解释的是，我保留了《乌合之众》的书名，尽管这一书名其实是一个汉语成语，在汉语文化中有明确的贬义，而原书并无这一题目（原书的题目直接就是《群体心理学》）；我也保留了作者勒庞的姓名的译法，尽管其实并不完全符合法语的发音，也容易让人误以为作者跟法国当今极右势力的领袖勒庞父女有血缘关系。这是因为，一方面我不想为读者带来太多的困惑，以为我翻译的是另一本书，出自另一位作者；另一方面，“乌合之众”的说法，还是吻合原作者的意思的。作者笔下的群体，确实有“乌合”之意。

在版本选择上，我从法兰西学院的院士图书馆借阅了该书 1902 年的版本，可以说与 1895 年的初版完全一致。它已经是第六版，可见这本书当年就几乎以每年再版一次的速度面世。经过与 1963 年法国权威的 PUF 出版社重版的版本（法国大学出版社，“当代哲学文库”，1963）相比较，我决定将这两版的序言都翻译出来，可以帮助读者既能感受到该书早年的样子，又能看到它在跨越了半个多世纪成为真正的世界经典后的面貌，以及从编者的序言中透露出的那种理解、简洁和自信。

除了在书名和人名上尊重了约定俗成的译法，尊重了读者的阅读传统之外，我的译文本身，则全部是自己的译法，没有借助任何别人的版本。在完成《论语》的法语译本的时候，我就采取了这一态度：一个译者提供的版本，必须全部建立在他自己的理解之上。无论是否最好的，它必须是唯一的。一方面，这种唯一性体现在译本的整体性和连贯性之中，不允许有对其他译本的随意参照；另一方面，对细节和局部的准确传译也不是任何外在的参照或借鉴可以换来的。这一点，相信任何一位细心的读者都会感受到。

由于本书涉及到不少西方的事件和人物，尤其是法国大革命，我在书中添加了必要的注释。这些注释本身，我也尽力以自己的方式来撰写，强调它们与正文的联系，让读者感受到为什么作者会使用这些专用名词，以及它们在文中出现的意义，而不简单是百科全书式的客观注释。

自从在30余年前走上了学习法语的道路，我就一直沉浸在法语世界中。在翻译了30余部著作之后，傅雷翻译出版奖的组织和评选工作，耗去了我大量的时间和精力。因此，在翻译实践上，近来出现了一定时间的间歇。《乌合之众》是我近年来重新执笔翻译的第一部，希望它能够综合我30余年来对法国的语言、历史、文化、思想等的理解，也综合我近年来对于翻译实践的思考和经验，成为一个面对读者时我本人能够负全责的版本。

而《乌合之众》一书，也确实值得我这么去做。它的重要性，尤其是在当今社会中的现实意义，已经无需我在此重提了。

2017年11月于燕园

序[①]

我的前一部著作专门描述种族的灵魂。现在我要来研究群体的灵魂。

一个种族的所有个体因为遗传而得到的共同特征的总和，构成了该种族的灵魂。但是，当其中一定数量的个体聚集成群体，来进行某种行动，那么，观察显示，由于他们聚集在了一起，就出现了一些新的心理特征，与种族的特征重叠在一起，有时候与种族特征会有深深的不同。

在一个民族的生活中，有组织的群体一直都起到了很大的作用；但是，今天，这一作用尤其重要。群体的无意识行为取代了个体的有意识行为，成为当今时代的主要特征之一。

我试图运用完全科学的手段，来探讨群体这一很棘手的问题，也就是说试图建立起一种方法，把舆论、理论和教条扔到一边。我认为，这是唯一可以让我们去发现些许真理的手段，尤其当我

① 1902年第六版作者序言。（编者注）

们要探讨的问题是人们极感兴趣的问题时。一个观察现象的学者，无须理睬他的观察可能会触犯到的利益。一位杰出的思想家，戈布莱·达尔维埃拉先生，在最近的一篇文章中说，由于我不属于当今的任何流派，所以我跟这些流派的一些结论有时会产生对立。我希望本书也能招来同样评价。因为从属于一个流派，就意味着会接受该流派的偏见和成见。

然而，我需要向读者解释，为什么我从我的观察中得出的结论与人们第一眼看以为我会得出的结论如此不同。比方说，我明明注意到，群体的心智极其低下，那些由精英聚合而成的群体也不例外，却又宣称，想要去改变他们的组织，是危险的事情。

那是因为，对历史上的真实事件进行专注观察的结果总是告诉我，由于社会组织与所有生物的组织一样复杂，我们绝对不能让它们突然受到深刻的改变。有时候，大自然固然很决绝，但也从不如我们以为的那样。因此，进行重大改革的癖好，对于一个民族来说，是最可怕的，无论这些改革从理论上看是多么的好。除非能够做到马上改变种族的灵魂，改革才会有用。然而，惟有时间才具备这种力量。能够治理人的，是观念、情感和风俗，它们都是在我们自己身上的东西。制度和法律只是我们灵魂的外在表现，是灵魂的需求的体现。制度与法律产生自灵魂，因此，它们无法改变灵魂。

对社会现象的研究，不能与对它们所在的民族的研究分开。

从哲学上来看，这些社会现象可以有绝对的价值，但从实际上来看，这些价值是相对的。

因此，在研究一个社会现象时，必须先后从两个非常不同的方面去看它。我们会发现，纯粹理性教给我们的，经常跟实践理性教给我们的正好相反。这种差别可以运用于一切论据，即便是物理学的论据。从绝对真理的角度来看，一个立方体，一个圆，都是固定不变的几何形状，由一些公式进行严格的定义。但从我们的眼睛的角度看去，这些几何图形可以具有变化多端的各种形状。事实上，透视可以把一个立方体转化为一个金字塔形，或者正方形，把圆形转化为椭圆形，或者一条直线。而这些虚幻的形状，对于观察者来说，要比真实的形状更加重要，因为它们是我们唯一能够看到的，是摄影和绘画唯一可以表现的。不真实在一些情形下,比真实还要真。将物体以它们准确的几何形状表现出来，其实就是将自然变形了，变得让人认不出来。如果我们假设一个世界,里面的居民只能临摹或者拍摄物体,而不能触摸物体,那么,他们很难了解物体形状的确切样子。而且，对于这一确切形状的认识，只有极小部分的专家学者才能做到，没有太大的意义。

研究社会现象的哲学家必须意识到一点，在这些现象的理论价值之外，还有一种实践价值，而且，从文明演变的角度来看，只有实践价值才有重要性。一旦有了这样的认识，他在面对逻辑带给他的结论时，会非常的审慎。

还有其他一些原因，也会让他慎重、保留。社会事实极其复杂，人是不可能从整体上看全它们的，不可能预测它们相互影响之下的种种结果。而且，在许多看得见的事实之下，有时会隐藏着无数看不见的原因。看得见的社会现象是一种庞大的无意识工作的结果，这种无意识的工作，在很大程度上，是我们的分析无法触及到的。我们可以把看得到的现象比喻成浪花，它们在海洋的表面上表现出底层的激荡，而我们对这些激荡并无所知。对群体的大部分行为进行观察，群体的心智都会显得极其低下，但是，也有一些行为，让人看到，群体显得是被各种神秘的力量引导的。这些神秘的力量，古人称它们为命运，或自然，或天意，我们称之为“逝者的声音”，我们是不能无视它们的力量的，尽管我们对它们的本质一无所知。有时候，我们感到，在每个民族的中间，有一些潜在的力量在引导他们。比方说，还有什么能比一种语言更加复杂，更加逻辑，更加美妙？然而，这样一种组织如此严密、如此细腻的东西，又是从何产生的呢，除非来自群体无意识的灵魂？最渊博的学者，最令人尊敬的语法学家，也只能做到尽量记录下这些语言的法则，并无任何能力去创造这些语言。甚至对于那些伟人的天才想法，我们能够肯定一定仅仅是他们的想法吗？当然，它们总是被一个单独的人创想出来的，然而，这些想法得以产生的沃土，由无数的尘土构成，难道不是群体的灵魂让它们得以形成？

群体大概总是无意识的。但是，也许正是这种无意识本身，构成了他们的力量的秘密之一。在大自然中，那些仅仅听从于本能的生物所完成的行为，往往可以让我们惊叹其美妙的复杂程度。在人类的发展史中，理性完全是新生事物，还不够完善，无法让我们看到无意识的法则，尤其是无法取代无意识。在我们所有的行为中，无意识都占据了巨大的部分，而理性只占据很小的部分。无意识作为一种尚未为人所知的力量在起作用。

因此，假如我们希望自己停留在科学所能发现的事物的狭隘但却肯定的范围之内，不去模糊的领域和无用的假设那边游荡，那么，我们就应该只去观察我们所能看到的现象，而且让我们满足于仅仅进行观察。一切从我们的观察中得出的结论，在很多情况下都是不成熟的，因为，在我们看得颇为分明的现象的背后，还有许多我们看不清楚的现象。甚至，在它们的后面，也许还有其他现象，是我们根本就看不到的。

序[①]

一个民族的所有个体，因环境和遗传而拥有的共同特征的总和，构成该民族的灵魂。

由于这些特征源自祖先，所以，它们总是非常稳定。但是，如果在不同的影响下，一定数量的人暂时地聚集起来，那么，观察可以证明，在他们的祖先留下来的特征之外，又会添上一系列新特征，有时会与该种族的固有特征相差很大。

它们的总和，构成了一种强大而又暂时的集体灵魂。

群体在历史上一直都扮演着重要的角色，然而其作用从未像现在这样巨大。群体的无意识行为，代替了个体的有意识行为，成为当今时代的一大特点[②]。

---

① 1963年版作者序言。（编者注）

② 本书初版于1895年。自此之后，书中所说的现象，并无改变。书中所展示的思想，在当时看来极具悖论性，今天，则已成为经典。《群体心理学》已被译成多种语言：英语，德语，西班牙语，俄语，瑞典语，捷克语，波兰语，土耳其语，阿拉伯语，日语，等等。（译者注）

献给 TH. 里博

《哲学杂志》主编，法兰西讲学院心理学教授，法兰西学院院士

带着我的爱戴和敬意。

引言

群体的时代

当今时代的演变 /

文明的巨大变化，是人民的思想变化的结果 /

现代信仰具有群体的力量 /

现代信仰改变国家的传统政治 /

民众阶级如何登上舞台，他们如何实施自己的力量 /

工会 /

群体力量的必然结果 /

群体只能起到一种破坏的作用 /

垂垂老矣的文明将断送在群体手中 /

对群体心理学的普遍无知 /

研究群体对于法律制定者和政治家的重要性。

文明的每次变革之前出现的重大动荡，看上去往往由重大的政治演变决定：外族入侵，或朝代变更。然而，对这些事件进行认真研究更多地让我们看到，在那些表面原因之下，人的观念的深刻变化才是真正原因。真正的历史变革，并非那些因其巨大、因其暴力而让我们震惊的变革。唯一重要的变革，那些招致文明出现更新的变革，是在意见、观念和信仰之中发生的。令人难忘的重大事件，乃是人们看不见的思想变化的可见结果。这些思想的变化很少显示出来，因为一个种族的思想的遗传根基是该种族最恒定的因素。

当今的时代构成了人类的危急时刻之一。人的思想正处于变化之中。

两个根本的因素，构成了这一变化的基础。首先，是宗教信仰、政治信仰和社会信仰的毁灭，而我们文明的所有因子，皆衍生于这些信仰。其次，出现了全新的生存与思想的条件，它们产生于科学与工业的现代发明。

尽管过去的理念已经被动摇，但它们依然强大，而将要取而代之的理念，仍然还在形成的过程之中。因此，当今的时代，代表了一个过渡的、无政府的时期。

这样一个时期，必然有些混乱。就现在而言，很难说会有什么从中诞生。那些将在我们的社会之后出现的社会，将建立在何种根本理念之上？我们并不知道。但是，从现在起，我们已经可以预言，它们在其组织上需要充分考虑一种全新的力量。这股力量是现代的最新君主：群体的力量。那么多被人认定是真理的理念，如今已经消亡，那么多的权力，已经被相继的革命所摧毁。在这废墟之上，唯有这一种力量矗立起来，而且看来会很快席卷其他种种力量。我们古老的信仰摇摇欲坠，相继消亡，社会陈旧的柱子一根根倒塌，群体的行动成为唯一的力量，没有任何东西可以威胁到它，而且其威望正在不断增强。我们将要进入的时代，将是一个真正的群体时代。

不到一个世纪以前，国家的传统政治，以及君主间的对抗，是影响各类事件的主要因素。群体的意见在绝大多数情况下是无足轻重的。今天，政治传统、君主的个人倾向，以及他们之间的对抗，已经不复重要。群体的声音已经占据主要位置，它告诉君主该如何行事。国家的命运不再由君主的谋臣们决定，而在群体的灵魂中决定。

民众阶层参与政治生活，渐渐成为主导的阶层，是我们这一过渡时代最明显的特征之一。实际上，政治权力的转移，并非通过全民选举。全民选举在很长时间内没有什么影响，而且在起初的时候很容易被引导。群体力量的诞生，首先是通过一些渐渐根植于人们心灵之中的理念的传播，然后是经过一些个体渐渐形成联合，使一些原本只是理论层面的观念得以实现。联合使得群体对他们的利益形成了也许并不正确，但却非常明确的想法，让他们意识到了自己的力量。他们成立工会，让所有权力都在面前折腰。他们建立起劳工联合会，可以不顾经济规律，规定工作的条件，定下工资薪酬。他们向政府的议会选派代表，这些代表毫无主见，毫无独立性，绝大多数情况下，只成为选出他们的委员会的代言人。

今天，群体的诉求变得越来越明确，有趋势要彻底摧毁现今的社会，将之拉回到一种文明的曙光出现之前的所有人类团体的普遍状态，一种原始的共产社会。限定工作时间，剥夺矿产、铁路、工厂和大地的所有权；平等分配产品，为了民众阶层而消灭高级阶层，等等，都是他们的诉求。

群体对理性一窍不通，相反，他们却精于行动。当今的组织使得他们力量巨大。我们见证其诞生的新信条，很快就会获得旧信条的力量，也就是那种不容辩驳的、暴君式的、绝对的力量。“群权神授”，将取代君权神授。

我们的布尔乔亚[①]喜爱的作家们很好地代表了布尔乔亚颇为狭隘的思想，短视的眼光，粗线条的怀疑主义，有时过分的利己主义。他们眼见着全新的力量日益壮大，开始惊慌失措。为了抵制精神上的混乱，他们开始向以前极为蔑视的教会的道德力量发出绝望的呼唤。他们大谈科学的溃败，让我们关注神圣真理的种种教义。可是，这些全新的皈依者忘记了一点：也许神圣的救赎

① 布尔乔亚：指资产阶级。（编者注）

之光的确触及了他们，但是，对于那些对来世毫无期待的灵魂来说，却产生不了同样的力量。今日的群体，不再需要被原先的主人昨日就已否认了的神祇。河流是不会回溯到源头的。

科学并没有溃败。当今精神的无政府状态，以及在这一无政府状态中壮大的新生力量，与科学毫无关系。科学向我们许诺了真理，或至少是我们的智力可以理解的种种相互关联的知识；科学从未向我们许诺和平，也没有许诺幸福。科学高高在上，对我们的情感漠不关心，听不到我们的哀怨。而且，任何东西都无法挽回已被科学驱散的种种幻想。

在全世界到处出现的征象显示，在所有国家，群体的力量都在迅速增强。无论这会给我们带来什么，我们都必须承受。所有的指责都是无力的空话。群体势力的兴起，也许意味着西方文明最后阶段的到来，意味着向每一个全新的社会诞生之前必经的那些混沌的无政府时期的回归。但是，又如何去阻止它呢？

到目前为止，对古老文明的摧毁，构成了群体最清晰的任务。历史教导我们，当作为社会的骨架的种种道德力量不再起作用，那么最终的涣散是由这些无意识的、粗暴的众人来完成的。他们被准确地定义为野蛮人。**到目前为止，创造和引领文明的，一直是少数的知识精英贵族，从来都不是群体。**群体的力量，只是摧毁。他们占主导的时候，必是混乱的时期。任何一种文明，都意味着固定的规则，需要遵循的准则，从本能向理性的过渡，对未来的预想，文化的高程度。这些都是群体根本无法达到的条件，因为他们完全放任。由于只拥有摧毁的力量，他们就像加速病体或尸体的化解的细菌。当一种文明的建筑千疮百孔，群体使之轰然倒下。他们的角色在这种时候呈现。在一段时间内，人多势众的盲目力量成为唯一的历史哲学。

我们的文明是否会面临同样情况？我们有理由担心，但我们现在还处于未知状态。

屈服吧，让我们接受群体的统治，因为一些不具远见的手，已经陆续推开了所有能够控制他们的围栏。

人们开始谈论这些群体，而我们对他们所知甚少。专业的心理学家们，远离他们生活，根本没有顾及过他们，仅仅在涉及他们会造成什么样的罪行时，才看到他们。犯罪的群体也许存在，但是，同样存在着并无道德瑕疵的群体，英勇的群体，以及其他各种群体。群体的犯罪，仅构成了他们心理的一种独特案例，仅凭它，人们是无法了解他们的心理构成的，正如仅仅通过描绘一个人的罪行，是无法了解他的心理构成的。

然而，说实话，这个世界的主人们，宗教和帝国的创立者们，各种信仰的使徒，杰出的政客们，以及在低一级的范围内，那些小团体的头目们，都是潜意识上的心理学家，对群体的灵魂有一种本能的认识，而且这种认识经常是非常准确的。正因为非常了解群体，他们非常容易就成了群体的主人。拿破仑深刻把握了法国群体的心理，但有时候，他对其他种族的群体心理一无所知[①]。这种无知使他在西班牙，尤其是在俄罗斯，发起了战争，最终导致了他的下台。

对一位政治家来说，对群体心理的了解可以构成他的资源。政治家要想统治群体已经变得非常困难，但至少可以做到不反过来完全被群体所统治。

群体的心理显示，法律和制度对于群体的冲动本性几乎不产生作用，群体没有能力具备任何意见，除了那些被暗示的意见以外。从纯理论的平等衍生出来的规则无法引领他们，只有那些在他们的灵魂中产生的印象才可以诱导他们。比方说，如果一名法律制定者想设立新的税种，他必须选择理论上讲起来最公正的税种吗？完全不是。对于群体来说，最不公正的税，在实际运用上，可以是最好的，只要它是最不引人注目的，或者是看上去最轻的。所以，一种间接税即便数目惊人，也总是可以被群体接受。由于间接税是每天从日常消费品上预先收取的，每件只收取极微小的数目，就不会改变他们的习惯，不会让他们觉得怎么样。如果换之以按照薪水或者收入的比例收取的税，而且一次性收取，即便是前面那一种税的十分之一，也会导致全体的抗议。事实上，每

---

① 在这一点上，他那些最高明的谋士，也不比他强多少。塔列朗在写给他的报告中说，西班牙人像迎接解放者一样，迎接他的军队。其实，西班牙像对付野兽一样迎接他们。一个了解西班牙人遗传的本能的心理学家，是应该可以预见这一点的。（作者注）

天日常消费品的几分几厘是看不见的，而一次性的数目相对会比较大，会令人震惊。只有在每天一分一厘支付的情况下，才可以不为人所察觉；但是，这样的一种经济手段，意味着需要有一种远见，而群体是根本做不到有此远见的。

上面这个例子，可以让人看清群体的精神状态。拿破仑这位心理学家就看到了这一点；但是，对群体的灵魂一无所知的立法者们，就没有能够理解。他们的经验还没有教会他们一点：人们永远都不会根据纯粹理性的要求去行事。

利用群体的心理，还可以做其他许多事情。对群体心理的了解，可以给许多没有这种了解就根本无法理解的历史、经济现象带来解释。

因此，即便只是具备纯粹好奇的价值，对群体心理的研究，也值得一试。对于支配人们行动的原因的考察，与研究矿石、植物一样有趣。本书对群体的灵魂的研究，只能是简要的综述，是对我们的研究的简单概述。我们只是提出了一些助人思考的想法。

相信其他人一定可以更深地耕耘。我们今天所做的，只是在一片几乎无人挖掘的土地上，勾勒出研究的轮廓[①]。

---

① 有少数作者研究了群体的心理，但正如我们前面所说，只从犯罪的角度去考察。我只对这一主题写过短小的一章，因此，在此提示读者可以关注塔尔德先生的研究，以及西格赫勒先生的一本小书，《犯罪的群体》。该书中，并没有作者的任何个人观点，却收集了许多珍贵的事实材料，有助于心理学家的研究。另外，我对群体的道德品行和犯罪行为的观点，与我提到的这两位作者的观点完全不同。

在我本人的许多著作中，尤其是《社会主义心理学》中，可以看到一些对群体心理起作用的法则造成的一些后果。它们可以被运用于各种主题的研究。布鲁塞尔皇家音乐学院的院长格瓦埃尔特先生近期将我提出的法则很好地运用到了音乐之中，他称之为“群体音乐”。这位杰出的教授将他的论文寄给我，并写道：“您的两部著作，使我解决了以前我认为无法解决的问题：只要是音乐的演奏特别优秀，指挥充满热情，那么，群体就很容易接受一部音乐作品，无论是现在的，还是过去的，本土的，还是国外的，简单的，还是复杂的。”格瓦埃尔特先生很好地证明了，为什么“有时候，一些资深的音乐家，孤独地在房间里阅读乐谱，却怎么也看不懂作品；而有时候，在大庭广众之下，同样的音乐可以一下子被那些毫无音乐技巧培训的听众所理解。”他同样很好地解释了：为什么这些美学感受并不会留下任何痕迹。（作者注）

第一篇

群体的灵魂

第一章

群体的普遍特征群体思维的心理法则

从心理学角度看，什么构成了群体 /
许多个体聚集在一起，并不足以构成群体 /
心理的群体的特殊特征 /
构成群体的个体的思想和情感和固定方向，
以及个体性格的消失 /
群体总是被无意识主导 /
头脑的消失，以及髓质的主导 /
智力的降低，以及情感的彻底转变 /
转变后的情感可以比构成群体的个体的情感更好
或更差 /
群体既容易成为英雄，也容易成为罪犯。

在一般意义上，“群体”一词，指一群任意的个体的聚合，无论国籍、职业或性别，也无论是怎样的偶然使他们聚合在一起。

从心理学角度去看，“群体”一词具有了完全不同的意义。在且仅在一些具体的处境下，人群在聚合之后，具备一些全新的特点，与构成它的每一个个体的特点非常不同。有意识的人格消逝了，整个群体的情感和想法都被引向了同一个方向。一个群体的灵魂形成了，它也许是过渡性的，但带有一些极其明确的特征。于是，集体就变成了一个我称之为“有组织的群体”的东西，因为我没有更好的叫法。或者，换个也许有人认为更好的叫法，叫“心理的群体”。群体变成了一个独一的存在，遵从“群体的心理统一法则”。

许多个体完全偶然地聚在一起，并不让他们具备一个有组织的群体的特征。没有任何特定目标而身处一个广场之上的上千名个体，并不构成一个心理学群体。要想获得特殊的特征，必须受到一些刺激物的影响，我们在后面会去定义这些刺激物的本质。

有意识的人格不再存在，情感与思想都被引向同一个方向，这是即将组织起来的群体的最初特征。这并不意味着许多个体必须同时在一个地点出现。成千上万个不在一起的个体，在一个特定的时刻，在某种强烈的情感的影响下，比方说，为了国家的一个大事件，也可以具备心理的群体的一些特征。在这种情况下，只需有一个任意的偶然条件，将他们聚合起来，就可以马上使他们的行为和举动带上群体行动的特殊形式。在一些历史时刻，十来个人，就可以构成心理的群体，而成百上千的人偶然聚合在一起，也不一定构成心理的群体。另一方面，整个国家的民众，即便没有看得见的聚合，有时候也可以在某种影响的作用下，成为群体。

一旦心理的群体构成了，它就会具备一些普遍特征，它们是暂时性的，却可以被确定下来。在这些普遍特征之上，还会加上一些特殊特征。这些特殊特征根据群体赖以形成的元素之不同而有所不同，可以改变群体的思维结构。

因此，心理的群体是可以被归类的。对这一归类的研究会向我们展示，一个完全异质的、由不同元素构成的群体，可以具有与那些同质的、由大致接近的元素（派别、等级集团、阶级）构成的群体共同的特征，而在这些共同特征之外，还可以有一些特殊性，能将他们区分开来。

在我们去对各种不同的群体进行分类之前，首先来看看所有群体都具有的共同特征。我们就像博物学家一样，先确定一个科中的个体的普遍特征，然后再去确定这一科所涵盖的不同类别和种类所特有的特征。

群体的灵魂是不容易描述的，它的组织不仅仅根据集体的种族与构成而变化，而且还根据所承受的刺激物的性质和程度而有所不同。其实，对任何一个个体的心理学研究，也会具有同样的难度。在小说中，个体总是带着恒定的性格出现。但在真实的生活中，并非这样。只有领域的同一性，才会产生个性在表面上的同一性。我在其他著作中已经指出，所有的心理构成，都可能因为受到社会阶层突然变更的影响而显示出可能的特征。正因如此，在最激进的国民公会成员中，可以有毫无斗志的布尔乔亚，他们在普通的处境下，可能就是一团和气的公证人或者公正的法官。一旦风暴过去，他们又找回他们正常的特征。他们之中很多人后来成了拿破仑最忠实的仆人。

我在这里不可能研究群体形成的所有阶段，所以更多地集中在他们已经完全组织好的阶段。我们看到的，是他们会成为什么，而不是他们平时的样子。只有在这个业已组织完毕的高级阶段，才会出现一些全新的、特殊的特征，重叠在该种族恒定的、主要的特征之上，将集体的所有情感与思想都引向同一个方向。只有在这一情形下，才出现我在上面所说的“群体的心理统一法则”。

许多群体的心理特征即便在个体各自分开的时候，也是共有的。而其他一些特征，则只出现在集体身上。我将首先研究这些特殊的特征，以展示它们的重要性。

一个心理的群体所展示的最令人震惊的事实如下：无论是什么样的人构成群体，无论他们的生活方式，他们的职业，他们的性格，或者他们的智力，是如何的相同或者不同，仅仅因为他们构成了群体，就能让他们仿佛具有了一个集体灵魂。这个灵魂让他们有了一种与在每一个人分开时完全不同的感知、思维和行动的方式。有些想法，有些情感，只有在个体成为群体时，才会涌现出来，或者转化为行动。心理的群体是一个由暂时结合在一起的异质性元素构成的临时存在，就像是构成活体的细胞通过其聚合形成一个新的生物，展示出与每一个细胞的特征完全不同的特征。

很奇怪，即便在赫伯特·斯宾塞[①]这样敏锐的哲学家的笔下，也可以看到一种说法，认为在群体的聚合中会出现一种元素的总和以及平均值。实际完全相反，只有新特征的组合和产生。就跟在化学中一样，一旦有一些元素一起存在，比如碱和酸，就会组合、产生出一个新体，具备所有构成它的旧体所没有的不同特点。

我们很容易看出，群体中的个体与孤立的个体不同。但这种不同的原因却很难被发现。

要想看到这些原因，首先需要记住现代心理学的这一观察结果：无意识的现象不仅仅在有机的生命中，而且在智力的运行过程中也起到首要的作用。精神的有意识的生活，与它的无意识生活相比，只代表了非常小的一部分。最精妙的分析者，最敏锐的观察者，也只能发现引导精神的诸多无意识元素中的一小部分。我们有意识的行为，来自一个无意识的基质，它主要由遗传的影

① 赫伯特·斯宾塞（Herbert Spencer，1820—1903），英国著名哲学家、社会学家，因发展了“适者生存”的思想而被称为“社会达尔文主义”之父。（译者注）

响所构成。这一基质涵盖了许多先民留下来的东西。它们构成了一个种族的灵魂。在我们行为的那些能被说明的原因的后面，有许多我们所不知道的秘密原因。我们日常的行为，大多数都是不为我们所知的隐秘动机的结果。

一个种族的所有个体之间都相似，主要是通过构成一个种族的灵魂的无意识元素。而通过有意识的元素（往往源自教育，但主要源自与众不同的遗传），个体之间产生不同。在智力上最为不同的人，有时候会有相同的本能、激情和情感。在所有情感组分中：宗教、政治、道德、喜爱、反感等等，最为杰出的人，也很少超过普通人的水平。在一个著名的数学家和他的鞋匠之间，在智力上可能存在一个深渊，但从性格和信仰角度来看，差别经常很小，甚至不存在。

而这些由无意识统领的性格上的普遍品质，一个种族内的大多数正常人都在同一程度上拥有它们。正是它们在群体形成的时候开始统一在一起。在集体的灵魂中，人们的智力和才干，以及因之而产生的个体性就消失了。异质性淹没在同质性之中。无意识的品质占了主导。

这些普通品质统一在了一起，可以为我们解释，为什么群体没有能力完成需要高智力的行动。由一群卓越但专业不同的人组成的议会为了共同利益而做出的决定，跟一群傻瓜聚集在一起时做出的决定相比，不见得有多么优越。事实上，他们只能做到将所有人拥有的这些平庸的品质结合起来。群体添加的，不是智力，而是平庸。人们总是说，所有人加一起，要比伏尔泰更聪明。假如所有人加一起代表了群体的话，那么，伏尔泰一定比他们更聪明。

但是，假如群体中的个体，仅仅是将他们平庸的品质融合在一起，那就只会形成平均值，而不是如前所说，创造出新的特征。这些特征是如何建立起来的？我们现在来找一找。

有许多原因，造成了群体特有的特征的出现。第一个原因就是，群体中的个体，仅仅由于数量原因，就会感到拥有一种不可战胜的力量，使他可以释放出那些他一个人的时候肯定会克制的本能。尤其是，**群体是匿名的，因此也是不负责任的。一直控制住个体的责任感，会完全消失。所以，他会特别容易放纵自己。**

第二个原因，心理的传染，也会同样介入，从而在群体身上产生出特有的特征，并决定他们的方向。传染是一种容易观察到的现象，但还没有能够得到解释，它应当与我们接下来要研究的属于催眠类的现象有关系。在一个群体中，一切情感，一切行为，都是具有传染力的，以至于个体轻易就可以为了集体利益而牺牲自己的个体利益。这是一种与他的本性相违背的能力，只有在他从属于一个群体的情况下，一个人才可以做到。

第三个原因，也是最重要的原因，决定了群体中的个体会出现一些有时与孤立的个体本身的特征非常对立的特征。我想说的是容易受到暗示的特性。上面提到的心理上的传染，其实也只是它的后果。

为了理解这一现象，我们的脑子里需要有一些生理学的最新发现。今天，我们已经知道，一个个体可以进入这样一个状态：失去了他有意识的个性之后，他会听从让他失去这些个性的领袖的所有暗示，做出与他的性格、他的习惯最为相反的行为。而细致的观察似乎可以证明，一个在一定时间内沉浸到一个行动的群体中的个体，很快就会进入一种特别的状态，与被催眠者被完全吸引、诱导的状态非常相似。其间可能是受到了群体发出的某种气流，或者是其他我们未知的原因的影响。一个被催眠的人的脑子在运作上已经瘫痪了，成为他所有无意识行为的奴隶，催眠师可以任意驱动他。有意识的个性已经消逝了，意志与分辨能力全部被摧毁。于是，情感和思想都会朝向由催眠师决定的方向。

这就是一个从属于群体的个体的大致状况。他对自己的行为，已经不再具有意识。在他身上，正如在被催眠者的身上，一部分的能力被摧毁了，另一些能力可以被带到一个极端激烈的境地。一个暗示的影响，可以以一种不可抵御的力量驱动他去完成某些行为。在群体那里，这是一种比在催眠师那里更加不可抵御的力量，因为对于所有人来说，都是同一个暗示，会变得具有互动性，愈演愈烈。群体中具有足以抵御暗示的强大个性的人员在数目上太少了，人流会带着他们走。他们最多可以试图借助于另外一种暗示,来产生一种分歧。一个恰到好处的词,一个及时指出的意象，有时候可以阻止群体做出血腥的行为。

因此，有意识的人格消失，无意识的个性占主导，通过暗示，以及情感和思想的传染，所有人朝向同一个方向，一种将暗示的想法立刻付诸实施的趋势，这些就是群体中的个体的主要特征。他已不再是自己，而是一个自动木偶，他的意志已经不再有能力去指挥。

仅仅由于他从属于一个群体，人就在文明的阶梯上一下子坠落了好几格。孤立的时候，他可能是一个有教养的人，在群体中，他成了本能的人，因此也就成了野蛮人。他具有了原始人的自发性、暴力、残忍，以及热情和英勇。他很容易因一些词语、一些意象而冲动，被引向一些会损害他最明显的利益的行为，这一点上，他就更接近于原始人。群体中的个体是沙子中的一粒，可以被风随意吹起。

因此，我们会看到一些评审团做出每一个评审员在单独时都会反对的评判，看到议会投票通过一些议员在单独时都会抵制的法律或措施。国民公会的成员们每个人分开时，都是些布尔乔亚，有着平和的习惯。一旦聚合为群体，他们在一些领袖的影响下，会毫不犹豫地将一些明显无辜的人送上断头台；而且，完全有悖于他们的利益，他们甚至放弃了他们的免刑特权，自我放逐。

群体中的个体并非都是通过行动而相异于他正常的自我。在失去所有的独立性之前，他的想法与情感就已经转化了，直到可以将吝啬鬼转化为浪子，让怀疑者成为信徒，守法者成为罪犯，懦弱者成为英雄。1789 年 8 月 4 日的那个著名的晚上，由贵族们在一个热情的时刻投票通过的放弃所有特权的决议，如果让成员们一个个单独表决，一定不会通过。

综上所述，群体在智力上总是比个体更低。但从情感的角度，以及由这些情感引起的行动的角度来看，群体根据不同的处境，可以比个体更好或更坏。一切都取决于群体如何被暗示。那些仅仅从犯罪的角度去研究群体的作者们对这一点毫无所知。群体经常是罪犯，这一点可以肯定，但他们也经常是英雄。为了一种信仰或者理念的胜利，人们可以轻易地让群体去受死。可以让他们为了荣耀和荣誉而热情满怀，如东征的十字军，带着没有面包、没有武器的群体前行，只是为了从异教徒那里抢回基督之墓，或者，就像在 1793 年，为了捍卫祖国的土地。当然，这是有点无意识的英雄主义，但是，历史正因这样一种英雄主义而写就。假如，在讲述人民的行动时，只能提到那些冷静的、理性的伟大行为，那么，在世界的史志上，将只有极少几个事件值得书写。

第二章
群体的情感与道德

1. 群体的冲动性，流动性和易怒性 /
群体是一切外在刺激的玩具，折射出其不断的变化 /
群体遵从的冲动势不可挡，足以让个人利益消失 /
群体身上，没有任何东西是三思而行，事先考虑过的 /
种族的作用。

2. 群体的可暗示性和轻信。群体对暗示的服从 /
群体脑海里出现的意象，会被他们当成是事实 /
为什么这些意象对于构成群体的所有个体来说
都是差不多的 /
在一个群体中，学者和傻瓜是一样的 /
群体中的所有个体都会产生的幻觉的各种例子 /
对群体的证词，不能有任何相信 /

许多群体众口一词的证词，正好是最差的反例之一，
不能成为还原事实的理由 /
历史书的价值很小。

3. 群体情感的夸大和简单化 /
群体不知怀疑和不确定为何物，总是走极端 /
群体的情感总是过分的。

4. 群体的不宽容，武断和保守 /
这些情感的理由 /
面对强大的威权，群体的奴性 /
群体一时兴起的革命本能并不妨碍他们其实是
极其保守的人 /
群体本能上对变化和进步感到反感。

5. 群体的道德性 /
群体的道德性，根据暗示的不同，可以比构成群体的
个体的道德性高出或者低出许多 /
解释与例子 /
群体的向导很少是利益。利益是鼓励的个体的几乎
唯一的向导 /
群体的道德化作用。

在上一章，我们以非常笼统的方式，指出了群体的主要特征。我们现在来细细研究这些特征。

群体的许多特殊特征，如冲动、易怒、无法进行理性的思考、缺乏批评精神和判断、情感夸张过度以及其他特征，同样可以在一些生物演变程度不高的生物身上看到，比如野人和儿童。我只是顺便提到这一类似性。想要证明这一点，显然超出了本书的范围。何况，对于那些深知原始人的心理的读者来说，无须论证，而对于那些对此毫无所知的人，则多述也无益。

现在，我具体地、一个一个来看在大多数群体那里可以很容易观察到的不同特征。

一　群体的冲动、多变和易受刺激

我们在研究群体的普遍特征的时候就已经提到，群体几乎只受无意识的引导。群体的行为，更多是受到脊髓的影响，而非脑子的影响[①]。他们完成的行动，在执行层面，可以是完美的，但是，由于不是由头脑引导的，个体会根据刺激的随机性而行动。作为所有外在刺激物的玩物，群体不断反映着这些刺激物的各种变化。因此，群体是其受到的冲动刺激的奴隶。孤立的个体可以与群体

① 脊髓连接脑子和身体。不受脑子影响而直接受脊髓影响，意指不经过脑子的思考而直接行动，类似于我们说做事情“不过脑子”。（译者注）

中的人一样，受制于同样的刺激物，但他的理性会告诉他，听命于它们会带来哪些坏处，所以，他可以不动心。心理学上，我们可以定义这一现象：**个体具有控制他的反应的能力，而群体则失去了这一能力**。

群体所服从的各种冲动，根据刺激来源的不同，可以是慷慨的，或者是残酷的，英勇的，或者是幼稚的，但是，无论哪种情形，冲动总是不可遏止，连自我保护的必要性也会在它们面前隐去。

能够对群体产生暗示的刺激物多种多样，而且群体总是受其驱使，所以，群体非常多变。我们可以观察到，群体可以在瞬间从最血淋淋的残忍，过渡到最绝对的慷慨或者英勇。群体可以很容易变成刽子手，但同样容易成为殉道者。为了信仰的胜利，成河的血从群体的胸中流出。无须上溯到英雄时代，就可以看到，群体能有怎样的壮举。在一场暴动之中，群体可以毫不顾惜生命。就在几十年前，还有一位将军，突然受到了民众的支持。他轻易就聚集起十万人马，可以随时为了他的事业而厮杀献身[①]。

---

① 指布朗热将军（Georges BOULANGER，1837—1891）。他毕业于法国圣西尔军校，屡立军功，1880年成为法国军队中最年轻的将军。1886年成为法国战争部部长。他在军队进行的改革，以及他坚定的共和国理念，赢得许多人的拥戴。许多法国人认为他有能力为法国洗清败给德国的耻辱。然而，他针对德国而采取的许多举措为法国招来诸多麻烦，法国政府开始提防他。1887年的新政府不再任命他担任战争部长，引起法国民族主义者的不满，形成了拥护他的布朗热运动。最后，法国政府判决布朗热流放国外。1891年，布朗热将军在布鲁塞尔殉情自尽。但他在法国始终拥有大量的拥护者。作者在书中多次提到此人。（译者注）

因此，群体身上没有任何东西是有预谋的。他们可以根据当时所受的刺激的影响，轻易地在情感的琴键上从一头滑向另一头。他们就像暴风吹起的树叶，向四方任意飘荡，然后坠落。对一些革命时期的群体的研究可以为我们提供一些例子，看出他们情感的多变。

群体的多变使得他们非常难以管理，尤其当一部分的公共权力落入他们手中之时。假如没有日常生活的需求为各种事件起到了隐形的调节作用的话，那么，民主就会很难继续存在。然而，群体虽然会狂热地要求得到一些东西，但这样的需求并不会持续。他们既没有能力思考，也没有能力具有持久的意志。

群体并不只是冲动并且多变。与野人一样，他们无法容忍在他们的欲望和欲望的实现之间有任何障碍物，尤其是当人数众多的时候，他们会觉得自己具有不可阻挡的力量。对一个身处群体之中的个体而言，“不可能”这一概念消失了。一个孤立的人很清楚，他无法凭一己之力，烧掉一座宫殿，抢劫一所商场；因此，他脑子里不会受到这样的诱惑。一旦成为群体的一部分，他会意识到人数为他带来的力量，只要有人发出杀戮和抢劫的暗示，他会马上付诸行动。任何意想不到的障碍，都会被狂热地碾碎。如果说，人体的组织功能可以保持一种持久的愤怒，那么，我们可以说，受到阻碍的群体的正常状态就是愤怒。

群体易受刺激、冲动、多变，我们后面还会研究到其他一些民众的情感，这里面总是有种族的根本特征的介入。它们构成了一个不变的地层，人们的情感从地层中萌芽。群体易受刺激、冲动，这个是肯定的，但在程度上却有极大的不同。比方说，拉丁民族的群体，与盎格鲁–萨克逊民族[①]的群体的差别，是非常明显的。我们近期的历史上的一些事实，在这一点上很能说明问题。1870年，一份简单的电报被公布于众，上面提到可能发生了一起侮辱性事件，于是就激发了民众的愤怒，一场可怕的战争马上随之而来。几年之后，在越南的谅山地区的一场无足轻重的败仗，通过电报传来，招致了一次新的愤怒的爆发，政府应声倒台。与此同时，远征的英军在喀土穆吃了一次大败仗，这在英国却只引起了一些小小的震动，没有任何一名大臣被撤换。群体在哪儿都很女性化，但最女里女气的莫过于拉丁民族的群体。谁依赖拉丁民族群体，就可以爬得很高，升得很快，但这就像是身处塔尔皮亚岩石旁，有一天必定会从上面坠落下来[②]。

---

① 盎格鲁–萨克逊民族：盎格鲁–萨克逊民族的结合民族，大部分英国人和美国人是其后裔。（编者注）

② 塔尔皮亚岩石位于罗马卡皮托尔山上，是罗马人行刑的地方，尸体被从上面抛下。（译者注）

二　群体的可暗示性和轻信

我们提到，群体的普遍特征之一是过于容易接受暗示。我们也说明了，一旦有了群体的聚集，一个暗示是会传染的。这就可以解释，为什么群体的情感可以很快转向同一个确定的方向。

无论我们假设群体是多么的中性，它在更多的情况下，都会处于一种期待状态，使得暗示很容易被接受。一旦提出一个暗示，它很快就会通过传染，传到每一个大脑，马上就确定方向。在接受了暗示的人当中，固定的执念随时可以转化为行动。无论是烧毁一座宫殿，还是去完成一项虔诚的工作，群体都会乐意去做。一切都取决于刺激物的性质，而不是如在孤立的个体那里一样，取决于被暗示去做的行动跟可能与实现行动相反的所有理性因素之间的关系。

因此，群体一直在无意识的边缘徘徊，接受各种暗示，受到那些无法求助于理性的影响的人才有的情感暴力的驱动，缺乏批评精神，只能显示出一种极度的轻信。“不可能”对他们来说不存在。我们一定要认识到这一点，才能理解为什么一些最离奇的传说和讲述都会那么轻易地出现并得到传播。①

---

① 经历了巴黎之围的人，就目睹过许多类似的例子，看到群体如何轻信一些绝对不可能的事情。在一所房子的楼上点亮一支蜡烛，马上会被认为是在向围城的敌人发信号。其实只要有两秒钟的思考，就可以证明，绝对不可能在好几里之外的地方看到这支蜡烛的微光。（作者注）

一方面，是本身带有心理预期的群体；另一方面，瞭望的水手告诉大家前面出现的是一艘在海上迷失了方向的船只。这一暗示通过传染之力，被所有在场的人，军官与水手，集体接受了。

群体的人数不用太多，就可以摧毁正确观看的能力，让真实的事实被与它们不相关的幻觉所替代。几个个体聚集在一起，就可以是群体，即便他们是些杰出的学者，一旦面对超出于他们专业的主题，他们就具备了群体的所有特征。他们每个人本身具有的观察能力和批评精神都会消失。

达维先生，颇有智慧的心理学家，为我们提供了一个耐人寻味的例子，这个例子被人转述，刊登在《心理学年鉴》上，值得我们在此引用。达维先生邀请了一批杰出的观察者，其中包括英国最一流的学者之一，华莱士先生。他让他们仔细检查了所用物品，并可在任何地方盖上戳，然后，当着他们的面，把一些最经典的神异现象演示了一遍:意念的物化,在岩石上出现文字,等等。这些杰出的观察者都写下了报告，证明他们观察到的现象只能通过超自然的手段才能得到。然后，达维向他们公布，其实只是运用了最普通的骗术。转述他的实验的人写道："达维先生的实验最令人诧异之处，不是那些花招有多么的高明，而是那些不懂行的见证人所写的报告，有多么的弱智。"他接着写道："因此，见证人可以写出许多加以肯定的、完全错误的报告，但结果是，如果人们把他们的描述视为正确的，那么他们所描绘的现象是不可能用骗术来解释的。达维先生发明的手法是如此的简单，让人惊讶他居然有胆量用它们；但是，他对于群体的神智有如此巨大的影响力，能让他们看到他们并没有看到的东西。”这依然是催眠者对被催眠者的影响力。但是，当我们看到这种能力被施行到高智力的人身上，而且这些人一开始都是持不肯轻信的态度的，我们就更容易想象普通的群体如何容易产生幻觉。

类似的例子非常多。几年前，报纸上报道了两个淹死在塞纳河的小女孩从河里被捞出来的事件。有十几个目击者以最确定的方式识别了尸体。大家的说法是如此的一致，所以在法官的眼里没有任何可以存疑的地方。他下令可以签写死亡证明书了。但是，就在人们将两个女孩入葬的时候，出于完全偶然的机会，人们发现所谓的遇难者还好好地活着，她们与淹死的人仅有一点点相像。如前面所说的许多例子，第一位证人出现了幻觉，他的说辞就足以暗示其他所有人。

在这类情况下，暗示的出发点总是一个个体身上因为一些模糊的遥远记忆而出现的幻觉，然后这一最初的幻觉通过确证的方式传染了别人。如果第一个证人很容易被误导，只要在他以为认出的尸体身上有一个特点，而且毫无真正的相似之处，比方说，一道伤口，或者一个化妆上的细节，就可以让他联想到另外一个人。一旦有了这么一个想法，它就会成为一个核心，启动某种凝固现象，侵入到整个认知场，让一切批评能力都瘫痪。于是，观察者所看到的，不再是对象本身，而是在他的心理上唤起的形象。这就可以解释为什么即便是亲生母亲，在识别孩子的尸体的时候都会出错。比如通过下面这个古老的例子，正好可以看出我上面提到的两种暗示是怎么起作用的：

“孩子被另一个孩子认出来了——但认错了。接下来，就出现了一系列的错认。

于是，大家就看到了一件非常奇特的事情。就在第二天，一位小学生认出了尸体是谁以后，一名女子尖叫道：‘啊！上帝啊，是我的孩子啊！’

人们把她带到了尸体旁边，她仔细看了身边的遗物，看到额头上有一道伤疤。她说：‘就是他，是我可怜的儿子。七月份就不见了。原来是被人拐走了，杀害了！’

这位女子是福尔街上的看门人，姓夏汪德莱。她的小叔也被叫来了，他毫不犹豫地说：‘就是他，可怜的小菲利贝尔。’许多福尔街上的居民，都认出他就是菲利贝尔·夏汪德莱。认出他的人还包括他的小学老师，因为看到了一块他的奖章。

可是！邻居、小叔、小学老师和母亲本人，都弄错了。六个星期之后，小孩的身份被确定了。这是一名波尔多的小孩，是在波尔多被杀，被运到巴黎的。”①

我们注意到，这种辨认的工作，往往是让女人和孩子去做的，

① 《闪电报》，1895年4月21日。（作者注）

也就是那些最容易被影响的人。这就说明了在法律上这样的认证价值究竟能有多大。尤其是孩子们的确认，真的不应该被取证。法官们常说，在这一年龄，是不会说谎的，好像是人所周知的。只要是稍微精妙一点的心理学家，就可以告诉他们，正相反，在这一年龄，几乎常常说谎。无疑，这些谎言是无辜的，但依然是谎言。面对一个被告究竟是否应该被判刑这样的事情，与其如人们经常做的那样，听从一名孩子的证词，还不如扔一个硬币，看是正面还是反面，来做出决定。

回到群体所做的观察，我们可以得出结论，群体的观察是所有观察中最容易出错的，往往只是代表了一个个体的幻觉，这一幻觉通过传染的途径，暗示了其他所有人。

有许多事实证明了，对于群体的证词不能轻信。在色当之战中，有成千上万的人都亲眼看到了那次骑兵的冲锋战。但是，面对充满各种矛盾的目击者的证词，根本无法知道究竟是谁指挥了这次战斗。英国将军吴士礼爵士[①]在最近的一本书中证明了，有关滑铁卢之战的一些最重要的事实，其实有着许多严重的错误。

---

① 本名沃尔斯利（Garnet Joseph WOLSELEY，1833—1913），英国维多利亚时期陆军元帅，总司令。因军功而被封为爵爷。曾参加第二次鸦片战争，火烧圆明园。中文名字为吴士礼。（译者注）

然而，这些事实，又是被成百上千的目击者们所确认了的[①]。

我要重复一下，所有这些例子都显示了，群体的证词的价值究竟能有多大。许多逻辑学的教材都把众口一词的证词列为一个事件的准确性的最可靠证据之一。但是，我们从群体心理学里面学到的东西告诉我们，他们在这一点上有很大的错觉。大多数人观察到的事件，往往反而是最可怀疑的事件。说一个事实已经被成千上万的目击者看到了，其实是在说，真正的事实跟人们接受了的说法相去甚远。

很清楚，从以上的例子可以看出，我们应当把历史书看作是纯想象的作品。这是对一些没有被好好地观察到的事实的虚构式叙述，外加一些事后形成的评论。假如过去没有为我们留下文学、艺术和建筑的作品，我们对事实将一无所知。对于在人类历史上起到了最重要作用的一些人的生平，如赫拉克勒斯、佛陀、耶稣，或者穆罕默德，我们知道有哪一句话确信是真的吗？而且，事实上，他们的真正生活，对我们来说，并不很重要。让群体感到震

---

① 哪怕是一场战役，我们能够知道它究竟是怎么进行的吗？我很怀疑。我们知道谁胜了，谁败了。但可能仅此而已。索尔费利诺之战的参与者、见证者达尔库尔先生关于这次战役所说的话，应该适用于所有战役："将军们（当然是在接到了成百上千的目击者传递的信息之后）将他们的正式报告转给大家；负责下命令的军官们将这些资料改上一改之后，写出最终的计划；参谋长不接受这一计划，根据他手头掌握的情况，重写一遍。这一作战计划被拿到元帅的手中，元帅大喝一声：'你们都弄错了！'于是，他又做出一个作战计划的版本。跟最初的报告相比，已经面目全非。"达尔库尔讲述这一事实，是为了证明，面对最引人注目的、被观察得最清晰的事件，我们也无法找到真相。（作者注）

撼的人，是一些传奇的英雄，而非真实的英雄。

不幸的是，传奇本身没有任何实质性。群体的想象力根据不同的时代将它们不断地进行改变，尤其是不同的种族会进行不同的改变。从《圣经》里那个嗜血成性的耶和华，到圣女德肋撒[①]心中那个充满爱的上帝，已经隔了很远。中国人崇拜的佛陀，与在印度被崇拜的那个释迦牟尼，已经没有什么共同点。

甚至并不需要好几个世纪的时间，群体的想象力就可以改变一个英雄的传奇。有时候，传奇的改变只需要几年。我们可以看到，历史上最伟大的英雄之一，拿破仑，他的传奇就在不到五十年的时间内改变了多次。在波旁王朝时期，拿破仑成了一个抒情的、慈善的、自由的人物，是卑微的人的朋友，照诗人们的说法，那些卑微的人会将他的记忆在茅草屋下保留很长时间。三十年之后，这位善良的英雄成了一个双手沾满鲜血的独裁者，窃取了自由与权力，为了实现自己的野心，不惜让三百万人战死沙场。如今，传奇还在变化。几百年后，未来的学者们面对这些充满矛盾的叙述，也许会怀疑这位英雄是否真的存在过，就像我们有时会怀疑佛陀是否真的存在过一样。他们会以为拿破仑的故事只是某种太阳神话，或者是赫拉克勒斯[②]的传奇的新版本。他们肯定更容易

① 圣女德肋撒(Sainte Thérèse,1515—1582)。这里指“阿维拉的德肋撒”，也被称为“基督的德肋撒”，以其对基督的虔诚而著称。（译者注）

② 赫拉克勒斯，希腊神话中最伟大的英雄，完成了十二项不可能完成的壮举。（译者注）

接受这样一种不确定性，因为他们远比我们今天更加了解群体心理学。他们会知道，历史能使之永恒的，只有神话。

三　群体情感的夸张和过于简单化

一个群体表现出来的情感，无论是好的还是坏的，都有双重特点：既过于简单化，又夸张。在这一点上，与在其他方面一样，群体中的个体跟原始人很像。他们不知何为细腻，只能看到一整块东西，看不到中间的过渡。在群体中，一种情感的夸大尤其得到加强，因为情感通过暗示和传染的渠道传播得很快，对它的接受会大大加强它的力量。

群体的情感的过于简单和夸大，使得群体不会产生怀疑，不会感到不确定。跟女人一样，他们容易走极端。说出口的怀疑，马上会变成不容置疑的明显事实。一个孤立的个体感受到的一点反感或者不同意，不会有什么加强，但到了群体中的个体那里，马上会变成一种强烈的恨意。

群体情感的暴力性，会因为无须承担责任而得到夸大，尤其是在异质的群体那里。知道自己肯定不会受到惩罚，尤其是人多势众，法不责众，会使得一个集体做出一个孤立的个体不可能做的行为，拥有孤立的个体不可能有的情感。在群体中，蠢货、无知者、嫉妒者，会摆脱自己的无能感和无力感，而代之以一种粗暴的、暂时的，却强大的力量。

不幸的是，群体所夸大的，往往是一些不好的情感。那是作为原始人的本能的遗留物，在孤立的、有责任心的个体那里，会因为害怕受到惩罚而有所顾忌。这就可以解释，为什么群体很容易做出最可怕的毫无节制的事情。

当群体被非常有技巧地暗示之后，可以做出英雄行为和忠诚的行为。他们会比孤立的个体更英勇，更忠诚。我们在研究群体的道德品性的时候，很快就可以再回到这一点上来。

由于群体只会受到一些极端的情感的影响，一位想要诱惑他们的演说家就需要动用最激烈的、断然的措辞。**夸张、断言、重复，永不试图运用理性去证明什么，这就是在民众集会时，演说家们最擅长使用的伎俩。**

群体还要求英雄们的情感也有同样的夸大。他们身上能看到的品质和道德，必须被加大。在剧院里，群体要求一出戏的主角具有在生活中从来都不可能有的品德、勇气和道德。

人们讲到过戏剧的独特视角。这个没有问题。戏剧肯定有其独特的视角，但是，它的规则往往与常识和逻辑无关。向群体做演讲，是一种没有那么高级的层次，但也需要特别的能力。有时候我们看一些戏剧的剧本，很难解释它们为什么会那么走红。那些剧院的院长们在收到剧本时，一般来说对它们能否获得成功毫无确信，因为，要想能够评判一出戏，就必须让自己变成群体[①]。假如我们可以进一步发挥的话，将会很容易证明，种族在其中起到了决定性作用。在一个国家内受到群体的巨大欢迎的戏剧，有时候到了另一个国家之后，观众会无动于衷，或者只是获得一种出于尊重和礼貌的成功，因为它并没有能够拨动那些让它的新观众激动起来的发条。

最后，我们无须补充，群体的夸大，仅限于情感，而不涉及智力。我已经在前面证明，只要一个个体处于群体之中，他的智力水平就会大大下降。塔尔德先生在研究群体的犯罪的时候，也看到了这一点。因此，仅仅是在情感层面，群体可以上得很高，也可以下得很低。

四　群体的不宽容、专横和保守

群体只懂过于简单和极端的情感，所以，对于人们向他们暗示的意见、观念和信仰，他们不是全盘接受，就是全盘否定，不

---

① 这就可以解释，为什么一些被所有剧院院长拒绝的戏，在偶尔得以搬上舞台演出的情况下，会获得巨大的成功。大家都知道科佩先生的《花环之争》，尽管作者很有名，却被一流剧院的院长们拒绝了十年之久。而《夏莱的教母》一戏，是一名兑换商自己出资上演的，不断被人拒绝，最后得以在法国上演两百场，在英国上演逾千场。如果没有上面的解释，说是因为剧院的院长们没有能力将自己假设为群体，那么，我们完全不可能理解，为什么这些懂行的、感兴趣的人，深知自己不能犯下如此巨大的错误，却会出现如此谬误的判断。（作者注）

是把它们当作绝对真理，就把它们当成绝对的谬误。通过暗示的渠道而决定的信仰一直都是这样的，因为不是通过理性的渠道而产生。每个人都知道，宗教信仰是如何的不宽容，对于人的灵魂有一种多么专制的统治。

群体对于它认为是真理或错误的东西不带任何怀疑，同时，又深知自己的强大，所以，群体既不宽容，又很专横。个体可以接受矛盾，接受讨论，群体永远都不接受。在公共的集会中，一位演说家一点最细小的矛盾之处，都会马上招致愤怒的叫喊声和激烈的咒骂声，只要演说家还坚持，就会被驱逐。假如没有权力机构的在场，对人产生制约，说话矛盾的人还有可能被凌迟处死。

在所有类型的群体中，专横和不宽容是普遍的，但它们的程度会有所不同。这里，也会出现种族这一根本性的概念，它是人们情感和思想的主导。专横和不宽容经常会在拉丁民族那里得到发展。它们甚至可以强大到能够摧毁在盎格鲁-撒克逊民族那里如此强烈的个体独立感。拉丁民族只对他们所在群体的集体独立性感兴趣，而这一集体独立性的特点就是需要马上、激烈地让持不同意见的人接受他们的信念。在拉丁民族那里，所有时代的雅各宾党人，从宗教裁判所的时期开始，一直都没有能够上升到另外一种自由的概念。

专横和不宽容，为群体构建出一些非常明确的情感，他们很容易接受这些情感，实践这些情感。他们听命于强大，对善良基本上无动于衷，因为善良很容易被视作是一种懦弱的表现。他们对于一些善良的主人从未有过好感，而对严厉统治他们的暴君服服帖帖。他们总是为暴君们竖起高高的雕像。如果他们有朝一日把被推翻的暴君踩在脚下，那是因为，暴君一旦失去了力量，就被归入了那批被蔑视的、不被害怕的类型当中。群体喜爱的英雄典型,总有恺撒的样子。他的光彩诱惑他们,他的威严让他们臣服，他的大刀让他们害怕。

群体面对脆弱的当局，随时准备反抗，面对强大的当局，却带着奴性躬身弯腰。假如当局的威权时断时续，那么，总是遵循自己极端情感的群体，就会时不时地从无政府倒向奴性，又从奴性倒向无政府状态。

而且，假如以为在群体身上占主导的是革命的本能，那么，就一定不了解群体心理学。只是他们的暴力，才让我们产生这样的幻觉。反抗和破坏的爆发，总是非常短暂的。它们被无意识所决定,从而受到古老的遗传的影响,因此,它们其实是极其保守的。一旦任凭群体放任自流，他们很快就会厌倦了自己的无序，本能地转向奴性。最傲慢、最难对付的雅各宾党人，一旦看到拿破仑废除了所有自由，让人感到了他的铁掌，就马上最热情地欢迎他。

假如我们不了解群体的本能从根本上是保守的，那么，民众的革命史就几乎是不可理解的。群体非常愿意改变各种制度的名称，有时候还为了实现这些改变而进行极其暴力的革命。但是，这些制度的本质代表着种族遗传下来的需求，所以，最终，群体还是会回到这些制度。他们不断地变化，仅仅体现在一些肤浅表面的事情上。事实上，他们有着去不掉的保守本能，就像所有原始人一样，对于传统有着恋物癖一般的尊重，对于能够真正改变他们存在方式的新生事物有着潜意识的恐惧。假如说，在一些机械被发明出来的时候（比如说蒸汽机、铁路），就已经有了现在这样的民主力量，那么，实现这些发明就是不可能的，或者只有在重复进行激烈的革命的情况下才可能。对于文明的进步来说，可幸的是，在科学和工业的伟大发现业已完成之后，群体的主导地位才开始出现。

五　群体的道德品性

假如我们认为，道德品性意味着对一些社会规范的长期遵从，对自私自利之心的长久抑制，那么，很明显，过于冲动、过于变化多端的群体，是不可能有道德品行的。但是，假如说，在道德品行中，我们看到的，是一些暂时出现的品质，如自我克制、忠诚、无私、自我牺牲、对公平的追求，那么，我们可以说，正相反，群体有时是可以拥有非常高的道德品性的。

研究过群体的少数几个心理学家，只从他们的犯罪行为角度去看，由于看到这些行为是经常性的，他们就认为群体的道德水准非常低。

也许群体确实会经常显示出很低的道德水准。可是，这是为什么呢？仅仅因为残暴的破坏本能是在我们每一个人的最深处沉睡着的原始时代的遗留物。对于一个孤立的个体来说，满足这些本能是危险的，而一旦被吸入到一个不需负责任的群体之中，并因此而肯定不会受到惩罚，那么，他就会放任自流地遵循这些本能。平时我们不能将这些破坏的本能用于自己的同类，所以就满足于将它们用在动物身上。狩猎的激情和群体的残酷衍生自同一源头。慢慢折磨一个毫无防卫能力的人的群体当然显示出一种极其懦弱的残忍，但是，对于一名哲学家来说，这与几十个猎人围在一起，通过看他们的猎犬如何将一只可怜的鹿开膛来取乐，是一回事。

如果说，群体可以做出杀戮、焚烧以及其他各种罪行，那么，他们也可以做出许多自我牺牲的、无私的行为，比一个孤立的个体要崇高许多。人们尤其会去影响群体中的个体，唤醒他的荣耀、荣誉、宗教和祖国的情感。历史上有无数的例子，类似于十字军东征，或者 1793 年的志愿者[①]。只有集体，才能做出伟大的忠诚和无私的行为。有多少群体，为了他们根本不懂的信仰和思想而壮烈牺牲！群体的罢工，与其说是为了提高一点工资，毋宁说是听从了一个命令。在群体那里，个人的利益很少是一个强大的动因，而对于一个孤立的个体来说，它几乎构成了唯一的动因。肯定不是个人利益驱动群体卷入那么多的战争，大多数的战争是他们的智力无法理解的，他们就像被猎人的镜子弄晕了的云雀一样，轻易地在这些战争中送命。

即便是最卑鄙的无赖，仅仅因为是身处群体之中，有时候也可以具有非常严格的道德标准。丹纳写道，那些九月大屠杀的屠戮者会自发地把他们的受害者的钱包、首饰放到委员会的桌子上，其实他们很容易就可以私藏起来。那些在 1848 年的革命中蜂拥着、叫喊着占领了杜伊勒里宫的人，平时生活都很悲惨，却没有拿走一样让他们眼花缭乱的珍宝，其中的任何一件，都可以换取好几天的面包。

这种个体因群体而变得更为道德的情形，当然并非是恒定的规律。但是，我们经常可以看到这一现象，甚至在远远没有上文讲到的那么严重的情况下。我已经说过，在剧院里，群体会要求

① 1793年，为了弥补法国军队人员的缺失，法国招募了大量的志愿者，成为军队的主要力量。主要来源是25—30岁的青壮年。此举大大加强了法国军队的人数，从1793年2月的20万，猛涨到1793年12月的80万。这在当时是非常壮观的。（译者注）

戏剧中的主角具有夸大了的品质，而且，即便是非常低俗的观众，有时候也会变得一本正经。习惯寻欢作乐的人、皮条客、乱开玩笑的流氓，面对舞台上一个有伤风化的场景、一句轻佻的话，也经常会嘟囔抱怨，但若是在平时他们的对话中，这些可能都不值一提。

因此，平时经常受到低级本能驱使的群体，有时也可以做出具有崇高道德性的行为。如果说，因一种虚幻或者真实的理想而无私，而忍让，而绝对忠诚，算得上是道德品质，那么我们可以说，群体有时会在最睿智的哲学家也没能达到过的高度上，拥有这些品质。也许，他们是不带意识地做到拥有这些品质的，但这又有什么关系？假如群体经常理性地思考，并遵循他们的切身利益，那么，也许在我们地球的表面上，到现在为止都还没有发展起任何文明，人类也不会有历史。

第三章
群体的观念、推理和想象力

1. 群体的观念 /
根本性的观念，辅助性的观念 /
相互矛盾的观念，如何可以同时存在 /
高级的观念，必须经过改变，才能被群体接受 /
观念的社会作用，与该观念究竟具有多大的真理性无关。

2. 群体的推理 /
群体是不能通过逻辑论证来影响的 /
群体的逻辑论证总是非常低级的 /
群体联系在一起的观念,只有表面上的相似性和连续性。

3. 群体的想象 /

群体的想象力的强大 /

群体通过意象来思考，这些意象之间，没有任何联系 /

群体主要会对事情美妙的一面感到刺激。

美妙和传奇，是文明的真正支撑 /

民众的想象力，一直都是政治家的力量的基础 /

能够刺激群体的想象力的事实是如何表现出来的。

一　群体的观念

我在上一部著作中[①]研究了理念对各个民族的演变所起到的作用。我在著作中证明了一点：每个文明，都产生于一小部分根本性的理念，它们很少被更新。我阐述了这些理念是如何在群体的灵魂之中站住脚跟的；它们进入群体的灵魂，有多么的艰难，而一旦真的进入了，又是多么的强大。我还阐述了历史上一些重大乱象的发生常常是由于这些根本性的理念出现了变化。

这一主题，我已经阐释得足够清晰，无须再费笔墨。我仅仅再谈谈群体可以接受的新理念，以及群体如何看待它们。

我们可以区分出两种类型。在前一种类型中，我们可以放进一些偶然的、随机的观念，它们是在一时的影响下被创造出来的：比方说,人们对一个人,或者一种教条的迷恋。在另外一个类型中，则是那些根本性的观念，阶层、遗传、意见等都给了这些观念巨大的稳定性：如以前的宗教理念，今天的民主和社会理念。

根本性的理念，我们可以用一条缓缓流动的巨大河流中的水来代表；而临时的观念，则是小小的浪花，总是在变化，在表面骚动，而且，尽管没有真正的重要性，却比河流本身的运动还要显眼。

今天，我们的父辈所经历的根本性的理念，变得越来越飘摇

---

① 指《民族演变的心理法则》，1894年。（译者注）

不定，因此，建立在它们之上的制度，也遭受了深深的动摇。现在形成了许多我刚刚提到的过渡性质的小观念；但是，它们很少能真正获得一种主流的影响力。

无论是何种观念被暗示给了群体，它们如果想变得具有控制力，就必须以极其简单的形式出现，而且让群体以意象的形式在脑子里表现出来。在这些成了意象的理念之间，没有任何逻辑的类比关系或者延续关系。它们可以互相替换，就像魔灯[①]的玻璃片，它们原本叠放在一个盒子里，变戏法的人将它们从盒子里一一取出。因此，我们可以在群体中看到，一些最相互矛盾的观念，可以在群体那里相继出现。根据当时的偶然性，群体可以被一直储存在它脑子里的一种观念所影响，从而可以做出最风牛马不相及的行为来。群体完全缺乏批判精神，因此无法看到矛盾。

其实，这不是群体的一种特殊现象。在许多孤立的个体身上也可以看到。不光是那些原始人，还有所有那些因为他们的精神的任何一个方面——如由强烈的宗教信仰组织起的宗派人士——而与原始人相近的人。比方说，我在一些有教养的印度人身上，看到这一现象。他们是我们的欧洲大学培养出来的，而且拥有一切文凭。在他们不变的遗传下来的宗教或者社会理念的基质之上，重叠了一层与前者没有任何关系的西方理念层，却丝毫也不能改

① 发明于17世纪，是投影仪、幻灯机的前身。其原理是将彩色的图像画在玻璃片上，通过蜡烛或者油灯，将影像投射出来。（译者注）

变基质。根据各种情况的偶然性，其中的某种层面会出现，带着相应的话语体系，同一个人，可以显示出最显著的矛盾性来。这些矛盾更多是表面的，并非真的。因为在一个个体身上，只有遗传下来的理念，才有足够的力量，可以成为真正影响人的行为方式的动机。只有当一个人通过跨种族的通婚，受到不同的遗传冲动的影响时，他的行为才可能转眼之间变得非常矛盾。在此无需强调这些现象，尽管它们的心理重要性是非常明显的。我认为，需要至少十年的旅行和观察，才可以理解它们。

由于观念只有在采用了极其简单的形式的前提下，才可以被群体理解，所以，要想为大众所接受，就必须经过最彻底的改变。如果涉及的是比较高深的哲学或者科学观念，我们可以看到，需要对它们进行多么深的改动，才能一层一层地往下，直至到达能被群体理解的层面。这些改动主要取决于这些群体所归属的种族；但总的来说，它们总是越来越简单，越来越被简化。因此，事实上，从社会的角度来看，并没有观念的等级之分，也就是说，没有观念的高低贵贱之分。只要一种观念为群体所理解，能够感动群体，那么，它就已经被剥去了几乎所有的高度和伟大。

而且，一种观念的高低之分并不重要。重要的是它们所带来的效果。中世纪的基督教理念，18 世纪的民主思想，今天的社会理念，其实都不是太高级的观念。从哲学上看，我们可以认为它们是很可怜的谬误。然而，它们的作用曾经非常巨大，而且将继续非常巨大，将成为国家行事的主要推动因素。

观念尽管已经为了让群体理解而经受改变，但它们只有在进入了无意识，并成为一种情感的时候，才开始起作用。如何进入无意识并成为情感，我在之后会研究。这样一种转变，一般来说需要很长的时间。

另外，不要以为，一种观念能够产生效果，是因为人们证明了它的正确性，即便是在文化修养高的人那里。我们只需看，最清晰的论证，对于大多数人来说，也几乎不产生影响，就可以理解这一点。一个有教养的听众，可以承认一种明显的道理，但是，很快，他就会被他的无意识拉回到他的原始认知。你过几天再去看他，他就又会拿出他原来的论据，用完全一模一样的说法。事实上，他处于已经成了情感的原先观念的影响之下。而只有这样的观念，才对我们的行为和话语的深层动机产生作用。

一旦一种观念通过各种手段进入了群体的灵魂，它就拥有了一种不可抵抗的力量，可以造成一系列的后果。那些导致了法国大革命的哲学观念花了很长时间才深入人的灵魂。一旦形成之后，它们那不可抵抗的力量，已经为人所知。整个民族为了获得社会平等，实现抽象的权利和理想的自由，让所有的王座摇摇欲坠，深深动摇了西方世界。在长达二十年的时间里，人们相互杀戮，欧洲经历的大屠杀，不亚于成吉思汗和铁木真的时代。这让我们无比清晰地看到，能够改变情感的方向的观念，一旦挣脱了束缚，可以造成什么样的后果。

如果说，观念需要花很长时间才能在群体的灵魂中站住脚跟，那么，同样需要很长时间，才会从那里出来。因此，就观念而言，群体总是比学者和哲学家落后好几代。今天，所有的政治家都知道，我在前面提到的一些观念包含着多少谬误的东西，但由于它们的影响还依然非常巨大，他们就必须根据这些原则来治理，尽管他们已经不再相信这些准则的正确性。

二　群体的推理

我们不能绝对地说，群体是不能用推理来影响的。但是，群体运用的论据，以及对他们产生影响的论据，从逻辑的角度来看，显得属于如此低的一个层次，以至于，我们只能说那只是看上去像推理而已。

群体的低级推理，与高级的推理一样，都建立在联想之上，但是，群体进行联想的观念之间，只有表面的相似性或连续性。它们的联想方式就像是一个爱斯基摩人的方式。他基于经验，知道冰这样一种透明的东西，会在嘴里化掉，于是就得出结论，像玻璃这样一种透明的东西，肯定会在嘴里化掉。或者像一个野人，以为吃了一个勇敢的敌人的心，就可以得到勇气。或者像一个工人，因其被老板剥削，就得出结论，天底下所有的老板，都是剥削者。

集体逻辑的特点就是：将并不相似的、只有表面关系的东西联想起来，将所有的个案马上普遍化。那些知道如何操纵群体的演说者，总是将这一类的联想介绍给群体。只有它们，才可以影响他们。一系列严谨的论证，对于群体来说，是根本无法理解的。正因如此，我们可以说群体并不进行推理，或者总是进行错误的推理，而且不能被理性推理所影响。我们在看书的时候，会惊讶于一些演说是多么的经不起推敲，却对听众产生了巨大的影响。但我们忘记了一点，它们本来就是用来煽动群体的，不是供哲学家们阅读的。演说者跟群体有私密的交流，知道去运用那些可以诱惑群体的意象。假如成功了，他的目的就达到了。即便是长篇大论的雄文，也不如成功地诱惑了那些需要说服的人的几句话。

我们无需补充，说群体没有能力进行正确的推理，这使得他们毫无批判精神，也即没有辨别真理和谬误的能力，没有表达一种准确的判断的能力。他们接受的判断，都是被强加的判断，从来都不是经过辩论后得出的判断。从这个角度来说，没有能够做到让自己高于群体的个体，数量巨大。有些观点轻易就具备了普遍性，主要就因为大多数人没有能力形成建立在他们自己的推理之上的观点。

三　群体的想象力

跟所有没有逻辑推理能力的人一样，群体进行再现的想象能力，可以达到匪夷所思的地步。一个人，一个事件，一个事故，在他们脑海里唤起的意象，几乎与真事一样强烈。群体有点像一个睡着了的人，由于理性暂时被悬置了，可以在精神上产生强度极高的意象，只要一经思考，这些意象就很快会烟消云散。群体既不会思考，也不会进行逻辑推理，不知道什么叫不真实。而最不真实的事，往往是最能震撼人的。

也因如此，总是一些事件的最美妙、最传奇的一面，让群体感到震撼。事实上，美妙和传奇，是一种文明的真正支撑。在历史上，表面的东西，一直都比事实起到了更重要的作用。非真实总是主导着真实。

由于群体只能通过意象来思考，他们只能被意象来影响。只有意象让他们恐惧或吸引他们，成为行动的动因。

这也是为什么，戏剧表演，以最清晰的方式来表现意象，总是对群体产生重大的影响。以前，对于罗马的贱民来说，面包和戏剧构成了幸福的理想。时代变更，但这一理想并无太大变化。没有什么比一出戏更能震撼群体的想象力了。整个剧院内所有人感受到同一种情感。这些情感之所以没有马上转变为行动，那是因为，即便是最无意识的观众，也知道他是幻觉的受害者，他是因为一些假想的事情而欢笑，而哭泣。然而，有些时候，由意象暗示出来的情感强烈到了一定的程度，就跟惯常的暗示一样，具有了转变为行动的趋势。人们往往津津乐道在那家民众剧场发生的故事，里面演叛徒角色的那个演员出来的时候，都要有人保护，否则他会遭到那些因其想象的罪行而愤怒的观众的暴力。我觉得，这是群体精神状态的最有代表性的标志，尤其说明人们可以如何轻易地暗示群体。在他们眼里，非真实几乎与真实有同样的重要性。他们有对两者不加区分的明显倾向。

征服者的强大，以及国家的力量，都建立在民众的想象力之上。只要对民众的想象力施加影响，就可以带动群体。所有历史上的重大事件，佛教、基督教、伊斯兰教的创立，宗教改革，法国大革命，以及我们今天具有威胁性的社会主义的侵入，都是对群体想象力产生强烈影响而造成的直接或遥远的结果。

所以，任何时代，任何国家的伟大的政治家，包括那些最彻底的独裁者，都把民众的想象力看作是他们的威权的支撑。他们从来都没有想过要逆民众的想象力而进行统治。拿破仑对行政法院的法官们说，“我在旺代地区打赢了战争，因为我是作为天主教徒出现的；作为穆斯林，我得以在埃及站稳脚跟；作为一个拥护教皇绝对权力的人，我赢得了意大利教士们的拥戴。假如我需要统治犹太人，我一定会重建所罗门庙。”也许在亚历山大大帝和恺撒之后，还没有一个伟人像他那样明白，群体的想象力是必须去震撼的。拿破仑平常最关心的，就是如何震撼群体的想象力。他在获胜的时候，在高谈阔论的时候，在训话的时候，在他的所有行为中，都想着这一点。在他临死前的病床上，他还在想着。

如何震撼群体的想象力？我们后面很快就会谈到。现在就可以说的是，用于影响智力和理性的论证是没有能力达到这一目的的。安东尼无需用渊博的修辞鼓动民众去反对杀害了凯撒的人。他只需向民众念恺撒的遗嘱，展示恺撒的尸体。

所有能震撼群体想象力的东西，都会表现为一个吸引人的、清晰的意象，无需附加的解释，或者只有一些美妙的事实伴随它们：一次伟大的胜利，一个伟大的奇迹，一次严重的罪行，一个伟大的希望。重要的是，要将事情作为一个整体来介绍，而且永不指明其来源。一百个小罪行，一百个小事故，都丝毫不能震撼群体的想象力；而一个大的罪行，一次大的灾难，可以深深地震撼群体，即便其结果可能比一百个事故加起来的损失要小得多。巴黎的那次流感，在几个星期内，死掉了五千多人，民众的想象力并没有因之而被震撼。事实上，这次真正的死难灾害并没有以一个明确的意象表现出来，而是体现为每周的统计数字。假如有一个灾难，不是死掉五千人，而是五百人，却是发生在同一天，在一个公共广场上，人人可以看得到，比方说，是埃菲尔铁塔倒塌了，那将会对想象力产生巨大的影响。一艘穿越大西洋的邮轮，由于失去了消息，被认为是沉落大海了，整整一个星期内，群体的想象力被深深地震撼。然而，官方的统计告诉我们，就在那一年，有一千条海船不知所终。这些接二连三发生的损失，尽管在人员伤亡和物资损失上都要严重得多，却没有得到群体哪怕一刻的关注。

因此，并非事实本身震撼群体的想象力，而是群体如何在脑海里再现这些事实。这些事实必须通过某种“浓缩加工”的机制——假如我可以用这样一个说法的话——制造出一个吸引人的意象，填满人的脑袋，挥之不去。**掌握了震撼群体想象力之道，便是掌握了统治之道。**

第四章 群体信念的宗教形式

什么构成了宗教情感 /

宗教情感独立于对一个神灵的崇拜 /

宗教情感的特征 /

带上了宗教形式的信念的强大 /

不同的例子 /

民间的神灵从未消失 /

民间的神灵以何种形式重生 /

无神论的宗教形式 /

从历史角度来看这些概念的重要性 /

宗教改革，圣巴特罗缪之屠，大革命的恐怖时期，以及一切类似的时期，都是群体的宗教情感的结果，而非孤立的个体的意志的结果。

我们前面看到，群体是不做理性推理的。他们一股脑儿地接受或摈弃一种理念，不接受讨论，不接受矛盾，对他们产生影响的种种暗示可以整个儿侵入他们的理解场，而且马上就能转化为行动。我们证明，如果群体受了好的暗示，也可以时刻为一种向他们暗示出的理想做出牺牲。最后，我们还看到，群体只认可强烈的、极端的情感。在群体那里，友善很快就变成崇拜，讨厌很快就转化为仇恨。这些基本的考量，已经可以让我们预感到，群体的信念属于什么性质。

我们如果细细地考察群体的信念，无论是那些宗教信仰普及的时代，还是政治暴动风起云涌的时代，比如18世纪的几次大暴动，我们可以看到，它们都具有一种特殊的形式。我想，最好的定义就是，这是一种宗教情感。

这种情感的特征非常简单：对一个被认为是高一级的人产生崇拜，对他被认为具有的力量产生恐惧，对他的号令盲目服从；无法对他定下的教条展开讨论；有传播这些信条的强烈愿望；倾向于将不愿意接受这些信条的人都视为敌人。无论这样一种情感适用于一个看不见的神，一个石制的偶像，一个英雄，还是一种政治理念，其本质都是宗教性的，同时具备超自然和奇迹的效应。群体为政治口号或者成功地让它们绝对化了的政治首脑赋予同一种神秘的能力。

说一个人有宗教性，并不仅仅因为他崇拜一个神灵，而是当他将自己神智的所有能力，自己意志的所有力量，自己狂热的所有热情，都服从于一种事业，或者一个人，任其成为自己情感和行为的目标和向导。

不宽容和狂热必然伴随一种宗教情感。这在那些认为自己拥有人间至福或永恒幸福的秘密的人身上，是不可避免的。当随便一种信念让一个群体愤然站出来，就一定同时具备不宽容和狂热这两大特点。恐怖时期的雅各宾党人与宗教裁判所时期的天主教信徒具有同样深层的宗教性。他们那些残酷的热情，来自同样的源泉。

群体的信念，具备这些内在于宗教情感的各大特点：盲目的顺从，粗暴的不宽容，强烈的宣传欲望。所以我们可以说，他们的所有信仰，都具有宗教形式。群体欢呼的英雄，对他们来说是真正的神。在十五年中，拿破仑就是神。没有神灵比他拥有更为完美的信徒。没有一个神灵更轻易地让人去送死。无论是多神论信仰的神灵，还是基督教的神，都未能像他那样对人的灵魂产生如此彻底的帝国般的控制。

宗教或者政治信仰的奠基者们之所以能够创造出它们，就是因为知道如何让群体接受这种激进的宗教情感，让人觉得在崇拜中可以找到幸福，并驱使他为了自己的偶像而牺牲自己的生命。

任何时代都是这样。福斯太尔·德·库朗日[①]在他那本关于罗马统治时期的高卢的佳作中指出，罗马帝国并非通过武力来维持，而是通过它唤起的宗教崇拜。他说得非常在理："在世界史上，没有相似的例子，一个被民众憎恨的体制，居然持续了五个世纪……人们无法解释，仅仅依靠帝国的三十个军团，就可以迫使上亿人服从。"之所以上亿人服从，是因为皇帝代表了帝国的伟大，被全体人崇拜为神灵。在帝国的任何一个小镇，都有皇帝的神位。"在那个时代，在每个人身上，无论是在帝国的哪一个地方，都出现了一种新的宗教，其神灵就是皇帝本身。在基督元年之前几年，由六十座城邦所代表的整个高卢，在里昂市附近，一起为奥古斯都皇帝建起了一座神庙……里面的教士由高卢的各个城邦共同选出，是他们最重要的人物……我们无法将此举解释为出于恐惧或者奴性。整个民族并不奴性，在长达三个世纪的时间里，他们充满血性。崇拜君主的，并非一些谄媚者，而是罗马。不仅仅是罗马，而是整个高卢，是西班牙，希腊，亚洲。"

今天，大多数伟大的征服者都不再拥有神位，但他们有自己的雕像，或者画像。人们对他们的崇拜，并不明显亚于以前。我们只有深入了解这一群体心理学的根本点，才有可能理解一点历

① 福斯太尔·德·库朗日（Fustel de Coulanges, 1830—1889），法国19世纪著名历史学家，著有《古代城邦》，《法国古代政治制度史》等，对后世影响很大。他对宗教在社会中的作用方面的研究尤为重要。被视为社会学的先驱。涂尔干的博士论文即题献给他。（译者注）

史哲学：对于群体来说，要么成为神，要么什么也不是。

这些并不是已经被理性永久驱逐的旧时代的迷信。在与理性的永恒斗争中，情感从未被打败过。群体不再愿意听到曾经长时间压制他们的一些词，比如神灵，比如宗教。但是，一个世纪以来树立起的雕像和神位，比任何一个以往的时代都要多。比如被称为布朗热主义运动的民众运动，就证明了一点：群体的宗教本能，可以如何轻易地死灰复燃。没有一个村庄的小酒馆内不挂上这位英雄的画像。人们说他具备所有能力，可以铲除一切不公，一切罪恶，成千上万的人愿意为他赴死。假如他的性格，真的可以够得上他的传奇，他在历史上能够获得多么重要的位置啊！

因此，说群体需要一种宗教，乃是一种极其无用的、平庸的说法。政治信念、神圣信念和社会信念，只有在具备了宗教的形式之后，才能在群体身上安家落户，因为这样可以让信念免于辩论。无神论之所以能够被群体接受，是因为它具备了宗教情感所具备的所有的不宽容和狂热，而且，在它的外在形式上，无神论很快就变成一种崇拜。实证主义的小圈子的演变过程，为我们提供了一个很有趣的例子。实证主义者就像陀思妥耶夫斯基为我们深刻地讲述了其故事的那位虚无主义者。忽一日，他被理性之光照亮，于是毁掉了他的小礼拜堂中所有装饰祭坛的神灵和圣人的画像，吹灭了所有的蜡烛。他一分钟的时间也不浪费，马上用几本无神论哲学家的著作，来换掉被毁掉的画像，然后再虔诚地点燃蜡烛。他的宗教信仰的对象改变了，但是，他的宗教情感，我们真的可以说也改变了吗？

我再次重复一遍，我们要想理解一些历史事件，尤其是一些最重要的事件，就必须理解，群体的信念，最终带上了什么样的宗教形式。许多社会现象，需要的不是一个博物学家的研究，而是心理学家的研究。我们伟大的历史学家丹纳[1]只是作为博物学家，去考察了法国大革命，因此，他根本就没有能够找到事件的真正发生原因。他很好地考察了事实，但是，由于没有深入群体的心理，这位著名的作者一直都没有追溯到事件的原因。他被事实的血腥、无政府状态和凶残的一面吓坏了，认为在这一伟大史诗中的英雄们，只是一群患了癫痫病的野蛮人，毫无顾忌地听任自己本能的施虐。大革命的残暴，它的杀戮，它的宣传需求，它对所有国王的宣战，只有在一种情况下才能得到解释，那就是，必须把大革命看作是群体的灵魂中出现了一种新的宗教信仰的结果。宗教改革，圣巴特罗缪之夜，宗教战争，宗教裁判所，以及大革命的恐怖时期，都是同一种现象。它们之所以得以完成，就是在这些宗教情感的暗示之下。这种宗教情感必定导致人们通过武器，去铲除一切妨碍新的宗教信仰得以树立的东西。宗教裁判

---

① 伊波利特·丹纳（Hippolyte Taine，1828—1893），法国19世纪最重要的哲学家、历史学家之一。因傅雷翻译的《艺术哲学》而为中国读者所知。《当代法国的起源》以大量的笔墨研究法国大革命，对本书作者勒庞的影响很大。（译者注）

所和恐怖时期的人的做法，都是坚信自己正确无比的人的做法。如果他们采取了其他的做法，就不是自信正确的人了。

与我以上列举的动荡类似的事件之所以能够发生，皆因群体的灵魂鼓动而成。最绝对的暴君，也没有能力掀起此类动荡。有些历史学家把圣巴特罗缪之屠说成是一个国王所为。他们既对群体的心理无知，也对国王的心理无知。类似的表现只能出自民众的灵魂。最独裁的君主的最绝对的权力，也只能加速或稍稍推迟这一时刻的到来。圣巴特罗缪之屠、宗教战争，均非国王所为，正如恐怖时期并非罗伯斯庇尔、丹东或圣鞠斯特造成。在类似的事件背后，我们总能看到群体的灵魂。

第二篇

群体的意见和信仰

第一章
群体的意见和信仰的遥远成因

群体信仰的预备性成因 /
群体信仰的形成是预先准备的结果 /
对信仰的诸多成因的研究。

1. 种族 /
种族的占主导性的影响 /
种族代表了祖先的暗示。

2. 传统 /
传统是种族的灵魂的综合 /
传统的社会重要性 /
传统在有用之后，变得有害。

3. 时间 /

时间准备了信仰的形成，然后造成信仰的摧毁。

4. 政治与社会制度 /

对这些制度的作用的错误认识 /

它们的影响是非常小的 /

它们是果，而非因 /

人民不会选择对他们来说最好的制度 /

制度只是一个标签，在相同的名字下，

隐藏着大相径庭的东西 /

制度如何可以被建立 /

对一些民族来说，一些从理论上讲是不好的制度，

也有必要性，如权力的中心化。

5. 教学和教育 /

当今对教育对群体的影响有诸多错误认识 /

统计学指数 /

拉丁教育的去道德化作用 /

教育可以起到的作用 /

不同民族提供的例子。

我们在上篇研究了群体的心理构成。我们知道了他们的感知方式，思维方式和逻辑推理方式。现在我们来考察一下，他们的意见和信仰是如何产生并建立起来的。

决定这些意见和信仰的因素有两类：遥远的成因，以及即时的成因。

遥远的因素使得群体可以确信某些东西，而拒绝接受另一些。这些遥远的因素准备好了场地，可以让人突然看到一些新观念的出现，这些新观念的力量与后果都令人惊讶，然而，它们只是表面上显得是自发产生的。一些观念在群体身上显得是突然爆发的，突然付诸行动的，其实只是一种表面的效果，在其后面，我们必须寻找一种在此之前的非常长久的准备工作。

即时的因素是那些与这一长期的工作重叠在一起的因素，没有这一长期的工作，它们就无法产生效应，无法说服群体，导致行动，也就是无法让观念得到实施，任其恣睢，带来种种后果。在这些即时因素的推动下，出现一些决定，可以让群体突然间揭竿而起。通过它们,出现一次暴动,或者决定一场罢工。通过它们，数量众多的大多数把 个人推向权力，或者让一个政府下台。

在历史上所有重大事件中，我们都可以看到这两类因素的相继作用。假如我们仅仅以最令人震惊的法国大革命为例，在它的遥远成因中，有作家们的批评，旧制度的种种倒行逆施。经过如此准备的群体的灵魂，后来就很容易被一些即时的因素激发起愤怒，比如演说家们的演讲，以及宫廷对一些无关紧要的改革的抵触。

在所有遥远的成因中，我们可以看到一些最普遍的成因，是群体的所有信仰和意见中都可以找到的。它们是：种族，传统，时间，制度，教育。我们来看一下其中的每一个。

一　种族

这一因素，种族，必须放在第一位，因为它本身远远比其他所有因素都重要。我们已经在前一部著作中好好研究了这一点，因此，无须在此展开太多。我们已经说明了，什么是一个历史性的种族，以及，一旦种族的性格形成之后，它的信仰、它的制度、它的艺术，一句话，它的文明的所有因素，都成为它的灵魂的外在表达。种族的力量是如此之大，以至于没有一种元素可以从一个民族转到另一个民族而不经受最深刻的变化。①

阶层，背景，事件，都代表着一时的社会暗示。它们可以产生重要的作用，但假如它们与种族的暗示相悖，那么，都仅仅是当下的、暂时的。种族意味着整体的祖先传承。

在本书的不少章节，我们还会讲到种族的影响，并证明，这

---

① 由于这一说法还是全新的，而没有它，历史又是完全不可理解的，所以，我在我的书（《民族演变的心理法则》）中用了好几个章节来说明这一点。读者可以看到，尽管有许多骗人的表象，但是，从一个民族进入另一个民族的时候，没有一样文明的元素，比如语言、宗教或艺术，可以保存得完好无损。（作者注）

一影响是如此的重要，可以主导群体灵魂的特殊个性。正因如此，各个不同的国家，在其信仰和行为中，都显示出非常明显的不同，不会以同样的方式受到影响。

二 传统

传统代表了过去的思想、需求和情感。它们是种族的整体综合，并以其所有的重量，压在我们身上。

胚胎学已经证明了人的过去在人的演变过程中起到的巨大作用。从此以后，生物学就改变了。当这样一种概念得到更大的推广，历史学也将大大改变。但这一概念还不够普及，许多政治家还停留在 18 世纪理论家的一些想法上，以为一个社会可以与它的过去彻底决裂，并在理性之光的引导下，建立起一个全新的社会。

一个民族，是由过去创造出来的有机体。与所有的有机体一样，它只能够通过遗传因素的缓慢积累，才可以自我改变。

真正引导一个民族的，就是它的传统。而且，正如我已经说了无数次的，它们轻易变化的，只是一些外在的形式。没有传统，也就是没有民族的灵魂，什么文明都不可能存在。

因此，自从人类存在以来，人所从事的两大工作就是，先创造出一个自成一体的传统，然后，当这些传统不再有益处之后，将它们毁掉。没有稳定的传统，就没有文明；没有对这些传统的缓慢的消灭，就没有进步。难的是在稳定性和变化性之间，找到一个恰到好处的均衡。这一困难是巨大的。当一个民族任由它的风俗在一代一代人当中过于牢固地固定下来，它就不会演变了，就变得跟中国一样，不再能够完善自身。粗暴的革命本身也变得没有用，因为其结果就是，要么链子断裂后的碎片很快就又衔接在一起，过去得以回归，什么变化也没有，要么，四分五裂的碎片产生出无政府状态，并很快导致堕落。

因此，一个民族的根本性的任务，必须是保留过去的制度，一步一步地改变它们。这是一个困难的任务。几乎只有古代的罗马人和近代的英国人是能够完成此任务的。

传统思想最顽固的保守者，最固执地与变化相对立的，恰恰是群体。尤其是群体中的一个种类，即形成等级集团的人。我曾经强调过这一保守的精神，并证明了，许多反叛最后只是导致了一些说法的改变。在上世纪末，面对被毁掉的教堂，被驱逐或者上了断头台的教士，以及对天主教的全面迫害，人们以为，古老的宗教思想已经失去了所有的权力；然而，只过了几年，在全面的呼吁下，被废除的宗教崇拜就又重新建立了起来。[1]

没有更好的例子，可以说明传统对群体的灵魂所产生的力量。庙宇里摆放的偶像，不是最可怕的，暴君的宫殿里住着的君主，不是最独裁的。人们可以非常容易地摧毁庙宇和宫殿。在我们的灵魂中占统治地位的看不见的主人，才是任何努力都无法摧毁的。只有在一个世纪、一个世纪的长时间磨损下，才会慢慢让位。

三　时间

在社会问题中，正如在生物问题中，最有能量的动因之一，就是时间。它是真正的创造者，也是伟大的毁灭者。是时间用沙砾聚成高山，将地质时代隐秘的细胞升华到尊贵的人。无论想改变什么现象，只需要有几个世纪的时间的介入。人们很有理由说，即便是一只蚂蚁，只要有足够的时间，也可以夷平勃朗峰。一个人要是有魔法，可以任意改变时间，那么，他拥有的力量，堪比信徒们心中的神。

---

① 丹纳引用的原国民公会成员福尔·克洛瓦的报告，从这一角度看，讲得非常清楚："我们到处看到，礼拜日的庆祝，教堂里众多的人。这证明了，法国的民众希望回到以前的做法。现在已经不能抵制这一全民族的倾向了……""大部分人需要宗教，需要崇拜，需要教士。一些现代哲学家犯了错误，我有一阵子也被他们迷惑，他们认为，可以有足够全面的教育，摧毁宗教的偏见；其实，对于大多数不幸的人来说，宗教偏见是一种安慰的源泉。""因此，应当将教士、祭坛和崇拜，还给大多数民众。"（作者注）

但我们在此只关注时间对群体意见产生的影响。从这一角度来看，它的作用更加巨大。一些伟大的力量都从属于它，比如种族，没有时间，就无法形成。它让一切信仰演变、消亡。通过时间，信仰获得力量，同样，由于时间，信仰失去力量。

时间准备好群体的意见和信仰，也就是准备好场地，让它们可以发芽。接下来，在某一时期可以实现的想法，到了另一个时代就无法实现。时间聚集了大量的信仰和思想的残存，在它们之上，诞生出一个时代的观念。一个时代的观念并非随机诞生，贸然出现。它们根扎在长长的过去之中。当观念开花，是时间准备了它们的绽放；总是需要往前追溯，才可以见到观念的起源。观念是过去之女，未来之母，总是时间之奴。

因此，时间是我们真正的主人。只要听任时间起作用，就可以看到一切事情的改变。今天，我们非常担忧群体的一些具有威胁性的追求及其预示的破坏和动荡。时间会重建平衡。正如拉维斯先生[①]所说："没有一种体制是在一天内建成的。政治与社会的组织，是一件需要好几个世纪的工作。在好几个世纪当中，封建制都处于无形、混沌的状态中，之后才找到了它的规则；绝对君主制在找到规范的治理手段之前，也存在了好几个世纪。在那些

① 指恩内斯特·拉维斯（Ernest LAVISSE，1842—1922），法国19世纪历史学家，强调实证主义研究。他撰写了许多历史教材，风靡法国。当时所有法国小学生都知道他的名言："汝需爱法兰西，因自然使其美丽，历史使其伟大。"（译者注）

等待的时期内，出现了多次巨大的动荡。”

四　政治和社会制度

有一种想法认为制度可以弥补社会的缺陷，民众的进步源自宪法和政府的完善，社会可以通过法令，得到一步步的改进。我说过，这样一种想法现在还非常普遍。法国大革命以此作为出发点，当今的社会理论也从中找到支撑点。

最持续不断的经验，也没有能够撼动这一可怕的虚幻想法。哲学家、历史学家试图证明这一想法的荒谬，却都是徒劳。然而，他们很容易就证明了，制度是观念、情感和风俗的产物。改变一些规则，并无法改变观念、情感和风俗。一个民族，并不能任意选择它的制度，正如它不能任意选择自己的眼睛或头发的颜色。制度和政府都是种族的产物。它们不是一个时代的创造者，而是被一个时代创造出来的。一个民族被治理，不是根据他们一时的想法，而是他们的性格所要求的。有时候，需要好几个世纪，才能建立起一个体制，需要好几个世纪，才能够改变它。制度没有任何内在的作用；它们本身无所谓好坏。在特定时期，对一个特定的民族来说是好的制度，对另一个民族来说，可能是极其糟糕的。

因此，一个民族根本不具备真正改变它的制度的力量。它当然可以通过激烈的革命，改变制度的叫法，但其本质是不变的。

叫法只是一些徒劳的标签。一个历史学家，对事物的真正意义感兴趣，无需考虑叫法。因此，比方说，世界上最民主的国家是英国[①],但它却是君主立宪制,而南美的一些西班牙语国家的共和国,有着共和国的宪法，却遭受着最严重的独裁。民族的性格，而非政府，决定了他们的命运。我在上一部著作中借用一些非常典型的例子，阐述了这一真理。

因此，浪费时间去制定什么宪法法令，是一种幼稚的行为，一种无用的修辞学练习。现实的必要性，以及时间，会去制定宪法，只要让这两个因素去起作用。伟大的历史学家麦考利[②]在一本书中指出，所有拉丁国家的政治家们都应当记住一点，英国人就是这样做的。他解释道，一些法律，从纯粹理性的角度去看，是荒谬的、矛盾的、混沌的，却能起到好的效果。他列举了十几部在欧洲和美洲的拉丁民族的变革中消亡了的宪法，将它们与英国的宪法相比较，指出，英国的宪法是很缓慢地改变的，而且是

---

① 即便是在美国，最为激进的共和党人，也承认这一点。美国的一家报纸《论坛报》，就表达了这一确定的看法。我引用1894年12月的《评论之评论》(Review of reviews)，其中是这样说的："我们永远都不能忘记，即便是那些贵族制度的最激烈的敌人，也承认，今天，英国是环宇最民主的国家。在英国，个体的权利受到最大的尊重，个体具有最大的自由。"（作者注）

② 指托马斯·巴宾顿·麦考利（Thomas Babington MACAULAY，1800—1859），英国19世纪政治家、历史学家、诗人、法律专家。在他去世以后一年，法国著名政治家弗朗索瓦·基佐之子纪尧姆·基佐翻译了他的著作，对法国产生较大影响。（译者注）

一部分一部分改，每次改，都是出于即时的需求，从来都不是纯思辨推理的结果。“永远都不担心是否对称，而去担心是否有用；永远不要仅仅因为一样东西不符合标准而去除它；永远不要创新，除非感到了不适，那时再去创新不迟，而且创新到消除不适，即适可而止；永远不要提出一项比我们要弥补的特例更普遍的条款；正是这些规则，从约翰王到维多利亚时代，普遍地引导了我们两百五十届议会的决议。”

我们需要逐个去看每个民族的法律和宪法来证明，它们往往都是它们的种族的需求的表达，并出于这一原因，不能被剧烈地改变。比方说，我们可以对中央集权的好处与坏处写出长长的哲学论文，但是，当我们看到，一个由不同种族构成的民族，花费了一千年的时间来渐渐地达到中央集权，当我们看到，一场伟大的革命，其目的是要打破所有过去的制度，最终也被迫尊重中央集权，甚至要求更强的中央集权，那么，我们可以得出结论，那完全是出于必要性，是该民族的存在条件。我们可以叹息，那些口口声声要破除中央集权的政治家们，能够产生的思想影响是多么的微弱。假如，出于偶然，他们的意见获得了成功，那么，将意味着一种深刻的无政府状态将要出现[①]，它会带来一种新的中央集权，比原先的更为严重。

综上所述，不能到制度中去找能够对群体的灵魂起到深刻作用的手段。有些国家，比如美国，在民主制度中得到了美好的繁荣，而其他一些国家，比如南美洲的西班牙语国家，有完全类似的制度，却在最可怕的无政府状态中沉浮。这些制度对于某些国家的强大和另一些国家的堕落来说，都不是内因。民众始终是被自己的性格来治理的，所有那些不是被这一性格私密地塑造出来的制度，都只代表一种借来的外衣，一种过渡性的假扮。当然，血腥的战争，剧烈的革命，都已经发生，而且还会发生，以给人强加那些被认为具有创造幸福的超自然能力的制度。因此，从某种意义上讲，制度可以对群体的灵魂产生作用，因为它们能够带来类似的变革。但是，我们知道，事实上，无论是成功了，还是失败了，它们本身是没有任何功效的。试图掌握制度的主动权，其实就是在追逐一种幻觉。

---

① 将法兰西分为不同的部分的宗教和政治上的深刻分歧，主要是一个种族的问题。在大革命时期显示出来的分裂法国的种种倾向，到了普法战争后期再次出现。假如我们把这些因素放在一起看，我们会发现，我们领土上依然存在着的不同种族，还远远没有到被融合的地步。大革命带来的有力的中央集权，人为地设立了一些省份，来混合原来的旧省，肯定是其最有用的措施。今天，有那么多没有远见的人在提去除中央集权，假设真的可以做到，它马上就会导致最血腥的分歧。不意识到这一点，就是对我们历史的彻底的忘却。（作者注）

五　教学和教育

今天我们的时代占主导地位的思想中排前几位的有这样一种思想：教育的结果肯定能够完善人，甚至让人平等。仅仅因为人们总是讲了又讲，这一说法已经成为民主的最不可撼动的教条之一。现在要想碰它，就好比以前想碰教会。

但是，在这一点上，正如在其他很多点上，民主观念与心理学和经验的数据有一种深深的不契合。许多杰出的哲学家，尤其是赫伯特·斯宾塞，很轻松就证明了，教育既不让人变得更道德，也不让人更幸福。教育并不改变人的本能和遗传下来的激情，一旦不好好引导，不仅无用，反而有害得多。统计学家们证明了这一点，他们告诉我们，随着教育的普及——至少是某一种教育——犯罪率不减反增。社会最坏的敌人，无政府主义者，经常是学校里的尖子。一位著名的法官，阿道尔夫·吉佑指出，现在有三千名有知识的犯罪分子，一千名无知识的犯罪分子。他还指出，五十年来，犯罪率从原来的每十万人中 227 人，变成了每十万人 552 人，也就是增长了 133%。他还与他的同事们指出，犯罪率的增长，主要是在年轻人那里，而法国已经为他们用免费义务制教育取代了学徒制。

当然，没有任何人论证过，引导得好的教育，不能带来非常实际的效果，即便不能提升道德，至少可以发展职业技能。不幸的是，拉丁民族，尤其是近三十余年来，将他们的教育体系建立在非常错误的原则之上，尽管有杰出人士不断指出，人们还是在可悲的错误中前行。我本人通过不同的著作[①]指出，我们现今的教育将一大部分接受了教育的人改变成社会的敌人，并招收了许多赞同最糟糕的社会主义形式的弟子。

这一教育的首要危险是——人们很正确地称之为拉丁式教育——建立在一个根本性的心理学错误之上：以为背诵教材，就可以发展智力。由此出发，人们就想尽可能地灌输；从小学到博士或者大学教师资格考试，年轻学子只知道将书本背诵得滚瓜烂熟，从不培养其判断能力和主动性。在教学上，主要依靠背书，服从。儒勒·西蒙，国民公共教育部的前部长，这样写道："学习课程，背语法规则，或者数学算法，好好跟读，好好模仿，这就是我们所说的愉快的教育……一切的努力，都是面对老师不可辩驳的尊严的信仰行为，最后只能削弱我们，让我们变得无能为力。"

假如这样一种教育只不过是无用而已，我们倒还可以仅限于去可怜那些不幸的孩子：有那么多必要的东西可学，人们却偏偏要教他们记住克罗泰尔的子孙们的家族谱系[②]，纽斯特里亚

① 参阅《社会主义心理学》第7版，以及《教育心理学》，第14版。（作者注）
② 克罗泰尔（Clotaire），法国墨洛温时期的国王。（译者注）

和奥斯特拉西亚之间的一场场斗争[①]，或者如何去区分动物的各种类别。但是，它其实有一种更大的危险，那就是，让接受了此类教育的人从此对他的出生环境产生一种强烈的厌恶，以及一种走出原来环境的强烈欲求。工人不再愿意继续做工人。农民不愿再做农民。最后的布尔乔亚觉得自己的儿子只剩下了一种工作机会，就是成为国家的带薪公务员。学校不去教学生如何准备好好地生活，只为公共职位做准备，而这些职位的成功，不需要任何创意之光。在社会阶层的最底层，学校制造出一大批不满意自己命运的无产者，他们时刻准备反叛；在社会阶层的上层，学校制造出那些轻浮的布尔乔亚，他们既是怀疑论者，又深信不疑，沉浸在对神圣国家的迷信般的信任之中，同时又不断地反对国家，总是将自己的错误归咎于政府，而没有来自上面的介入，又什么也做不成。

国家通过各种教材，制造出那么多有文凭的人，却又只能雇佣其中的一小部分人，自然会让其他人失业。所以，国家只能养前一批人，却让后一批人成为自己的敌人。在整个社会的金字塔，从上往下，有文凭的人今大都在抢各种职位。一个做

---

① 纽斯特里亚（Neustrie），古法兰克王国，位于今天法国的西北部。公元687年，被纳入奥斯特拉西亚（Austrasie，古法兰克王国，位于今天法国的东部）。纽斯特里亚和奥斯特拉西亚也被称为西法兰克王国和东法兰克王国。公元751年，奥斯特拉西亚被纳入大法兰克王国。墨洛温王朝灭亡，法国进入加洛林王朝时代。（译者注）

批发的商人，很难找到一个可以到殖民地国家去代表他的经纪人，而每当有一个哪怕最低微的官方职位，总有成千上万的人去求职。光是一个塞纳省，就有两万名教师没有工作。他们都瞧不起农村，瞧不起作坊，只有向国家伸手要钱活命。由于幸运者总是少数，不满的人自然很多。这些人可以加入任何革命，不管领袖是谁，是为了何种目的。对无用的知识的获取，一定会将人变为反叛者[①]。

要想改变这一潮流，肯定是为时已晚。惟有经验——民族的最终的教育者——可以让我们看到自己的错误。惟有经验，可以证明，我们必须扔掉那些可恶的教材，废除那些可怜的考试，去开展职业教育，让年轻人回到如今业已荒芜的田野、被遗弃的作坊和殖民地企业。

如今所有的有识之士都在呼吁的职业教育正是我们的父辈所接受过的，也是现今世界上所有占主导的民族以他们的意志、他们的创新力和开拓精神，加以保留了的。丹纳在一些精彩的片段

① 其实，这并非拉丁民族独有的特殊现象，中国也是这样。这个国家由一群稳定的官吏统治，要想成为官吏，必须通过考试，其中唯一的考查，就是要对厚厚的教材倒背如流。大批无法找到职位的文人，在今天的中国已经成为一种真正的国家灾难。印度也是这样。英国人在那里办了学，不是像在英国本土一样进行真正的教育，而是对土著人进行教化。于是形成了一种特殊的文人阶层，叫“印度绅士”，这些人，一旦找不到职位，就成为英国势力的最不可调和的敌人。在所有“印度绅士”那里，无论是否找得到工作，教化的头一个后果，就是大大降低他们的道德水准。我在拙著《印度的文明》一书中，非常强调这一点。所有到过印度半岛的作者们，对此均有提及。（作者注）

中，清晰地指出，我们以前的教育，大致就是现在英国或者美国的教育，他通过对拉丁体系和英美体系的精彩比较，让人清晰地看到了两种方式所造成的不同结果。后面我会把主要的部分在此引用。

假如对这么多知识的肤浅的获得，对这么多的教材的完美背诵，可以提高智力水平，那么，我们也许还可以接受我们的古典教育的所有缺点，既然它只是制造一些落伍的人，不满的人。但是，这一教育真的可以提高人的智力水平吗？可惜啊，做不到！**判断力、经验、开拓性、个性，所有这些在生活中成功所必须的条件，都不是在书中可以学到的。**书籍是一些可以查阅的有用的词典，但是，在脑子里储存那么多的碎片，绝对是没有用处的。

职业教育如何可以发展智力，以一种古典教育所完全不具备的方式？丹纳在以下的文字中很好地阐述了：

“思想只有在自然、正常的环境中才会形成，能够让思想的萌芽产生的，是无数的感觉印象，年轻人在作坊、矿场、法庭、研究场所、工地、医院，在各种工具、材质和演示的环境中，获得这些印象。和顾客、工人在一起，看到工作场景，看到工作的结果是好是坏，是花费巨大的，还是赢利的：正是通过眼睛、耳朵、手，甚至通过嗅觉得到细小的、特殊的感知，都是无意中收集到的，不知不觉地建立起来的，在他身上组织起来，或早或晚地在他身上暗示出一种新的组合，一种简化，一种结构，一种完善，或者发明。年轻的法国人如今得不到这些珍贵的接触，所有这些可以吸收的、不可或缺的元素，而且正好是在最善于吸收的年龄：在长达七到八年的时间当中，他被关在一个学校里，远离直接的、个体的经验，而正是这样的经验，才可以给他事物、人的准确而生动的概念，教会他处理事务的不同方式。

……

至少十分之九的人浪费了他们的时间和付出，浪费了他们生命中的好多年，而且是高效率的、重要的、甚至决定性的年度：先来算一算那些去参加考试的人中的一半，或者三分之二的人，我指的是最后被淘汰的人；然后，在考上的，升级的，获得证书，获得文凭的人中还有一半，或者三分之二，我指的是疲劳过度的人。人们对他们要求太高，要求他们在某一天，坐在一张椅子上，或者一块黑板前，针对一类学术问题，在长达两个小时的时间里，成为所有人类知识的活生生的储存库。事实上，这一天，在两小时内，他们确实做到了，或者大致做到了。但是，一个月之后，他们就做不到了。他们已经无法再度接受考试。他们获得的知识太多了，太沉重了，不断地滑出他们的脑海，而且他们不再接受新的知识。他们的智力不再那么敏锐。善于吸收的汁液已经枯竭。造就好了的人从学校里出来了。经常，他已经成了一个不可救药的人。他规规矩矩，结婚成家，满足于在圈子里混，而且总是在同一圈子里混，萎缩在他小小的办公室里。他规规矩矩地完成工作,仅限于此。这就是平均的回报。可以肯定的是,收支并不平衡。在英国或者美国，或者在1798年前的法国，人们采取的是相反的办法，获得的回报相等于支出，或者高于支出。”

这位杰出的历史学家接下来为我们展示了我们的体系与英国人的体系的差别。在英国人那里，教育不源自书本，而是来自事物本身。比方说,工程师在一个车间,而不是在一所学校获得教育,每个人都能够恰好达到他的智力所能允许他达到的级别。假如他不能继续成才，就成为工人或者技师；假如他的能力允许，就能成为工程师。对于社会来说，这样的做法，要比让一个人的前途完全取决于在他18岁或者20岁的时候一次几个小时的考试的结果，要民主得多，有用得多。

“在医院,在矿场,在手工作坊,在建筑师、法律工作者那里,很小的时候就被录用的学生们进行学习和实习。有点像在我们这里，教士在修行室，或者年轻画匠在画室内学习。在此之前，在开始学习之前，他已经学到了一些概述性的普通的课程，已获得一些整体框架，可以在里面放入他之后观察到的知识。然而，更经常的是，他在自己的自由时间内，有一些技术性的课程可以听取，一边将自己每天积累的经验慢慢地加以综合。在这样一种体制下，实践能力可以不断增长、发展，一直增长到学生的能力所能达到的程度，并且朝着他未来的工作的要求发展，他可以从一开始就去适应他想要从事的特定工作。在英国和美国，以这样一种方式，年轻人很快就从自己身上找到自己所拥有的东西。从25岁起，甚至更早，假如物质和资本都允许的话，他就不仅仅成了一个有用的实践者，而且是一个有自己的创业能力的人，他不仅仅是齿轮，而且还是发动机。在法国，盛行的是相反的方法，而且一代比一代更加接近中国方式。我们浪费掉的力量是巨大的。”

最后，我们这位伟大的哲学家得出了以下的结论，认为在我们的拉丁教育和生活之间出现了越来越不协调的倾向：

“在教育的三个阶段：孩童、少年、青年，人们坐在板凳上通过书本学习理论知识和教科书知识，时间加长了，在量上超负荷了，目的就是考试，升级，拿到学位和证书，仅仅是为了这些，而且是通过最糟糕的手段，通过实施一种反自然、反社会的体制，通过人工的训练与机械的灌输，通过加重负担，无视之后需要的时间以及一个完成学业的人将要从事的费力的事务，完全无视之后这一年轻人将要坠入的真实世界，无视需要让他适应或者让他事先就屈服的周边世界，以及各种人与人之间的冲突。他如想捍卫自我，或者保持挺立，就必须事先有所锻炼，有所准备，有足够的弹药，足够坚强。这一必备的装备，这一比任何其他东西都重要的学习内容，这种坚强的意志和精神，我们的学校都不提供给他。不仅不为他提供准备，反而让他对接下来的、决定性的环境毫无准备，无力还击。由此，他进入世界，以及他在实际的行动场所走的头几步，在最经常的情况下，只是一系列痛苦的沉沦；他因此而身心受到摧残，很长时间内沮丧，有时候长期残废。这是一种粗暴而危险的考验；道德与精神的平衡遭到破坏，甚至有不再能够重建的危险；幻灭出现，太粗暴，太彻底。失望过于强烈，厄运显得太强。”[①]

在前面的几页中，我们是否偏离了群体心理的主题？当然没有。为了理解那些今天在群体身上萌芽、明天将会绽放的思想和信仰，我们必须知道，土壤是如何准备的。一个国家为年轻人提供的教育，在某种程度上可以让人预测到一个国家的命运。对现今的年轻人的教育让那些悲观的预感显得非常有道理。群体的灵

---

① 丹纳，《现代体制》，第二卷，1894年。以上的文字，几乎就是丹纳一生最后的文字。它们很好地概括了他长期经验的结晶。教育是我们唯一能够对民族的灵魂产生一点影响的手段。非常令人悲伤的是，在法国，几乎无人能够理解，我们当今的教育构成了多么可怕的堕落的元素。教育非但不能让年轻人升华，反而让他沉沦、变态。（作者注）

魂有一部分是随着教育和教化而完善或者沦丧的，所以，必须展示当今的体系是如何塑造群体的灵魂的，展示一大批本来无所谓的、中立的人，如何渐渐地成为大批不满的人，随时可以接受乌托邦主义者和演说家们的所有暗示。学校今天在培养着不满的人、无政府主义者，为拉丁民族准备着堕落时代的来临。

第二章
群体意见的即时成因

1. 意象、词语和口号 /
词语和口号的魔幻力量 /
词语的力量与它们唤起的意象有关，
与它们真实的涵义无关 /
这些意象在每个时代，每个不同的民族中是不同的 /
词语会过时 /
几个常用词的意义产生巨大变化的例子 /
为古老的事物赋予新的名字，具有政治作用，
假如这些名字可以对群体产生巨大影响的话 /
根据种族的不同，词语的意义会不同 /
“民主”一词在欧洲和美国的不同意义。

2. 幻想 /

幻想的重要性 /

在所有文明的基础上，都有着幻想 /

幻想的社会必要性 /

群体总是喜爱幻想，甚于喜爱真理。

3. 经验 /

惟有经验，才可以在群体的灵魂中建立起

必要的真理，摧毁变得危险的幻想 /

经验只有在不断重复的条件下，才可以起作用 /

为了说服群体，必须付出的经验方面的代价。

4. 理性 /

理性对群体没有影响 /

只有通过影响群体的无意识情感，才能影响群体 /

在历史上，逻辑的作用 /

不可思议的事件的秘密原因。

我们刚刚探寻了那些遥远的、起准备作用的因素，它们使得群体的灵魂具备了一种特殊的接收性能，使得在群体身上，有的情感，有的思想，可以绽放开来。现在我们需要去考察那些能够产生一种即时作用的因素，然后，在接下来一章中，我们来看看如何操纵这些因素，才可以产生出最大的效果。

我们在第一篇中探讨了集体的情感、观念和推理逻辑。对以上因素的了解，肯定可以以一种普遍的方式提供一些能够影响到群体的灵魂的手段。我们已经知道，哪些是最能够刺激群体想象力的东西，如暗示的力量，以及传染，尤其是以意象的形式。但是，各种可能的暗示都来自不同的源头，所以，对群体的灵魂能够产生影响的因素也可以是非常不同的。因此，需要将它们分开来进行考察。群体有点像古代寓言中的斯芬克斯怪：我们必须能够解决他们的心理给我们提出的问题，否则就必须接受被他们吞吃掉的命运。

一　意象、词语和口号

在研究群体的想象力时，我们已经发现，他们主要是被意象所刺激。假如我们手头并不总是有这些意象，那么，可以通过使用巧妙的词语和口号，来唤起这些意象。词语和口号一经艺术性的操纵使用，真的会具有以前那些相信魔法的人赋予它们的神秘力量。它们在众人的灵魂中掀起惊涛骇浪，同时也知道如何让他们平静如水。如果我们用上那些词语和口号的力量的受害者的尸骨，将可以建立起一个比胡夫金字塔还要高的金字塔。

词语的力量与他们所唤起的意象相关，完全独立于它们真正的意义。那些最被胡乱定义的词语，有时候反而更能产生效果。比方说以下这些词：民主、社会主义、平等、自由，等等。这些词的含义是如此的模糊，多么厚的书本，也无法定义清楚。然而，一种真正魔法般的力量与他们的短促音节紧紧联系在一起，仿佛它们蕴含着能够解决所有问题的方案。它们概括了各种不同的、无意识的追求，以及实现这些追求的希望。

理性和论证，面对一些词语和口号，是无能为力的。在群体面前，人们虔诚地说出这些词语，马上，人们的脸上充满了尊敬，额头低垂下来。很多人把这些词语、口号视为大自然的力量，是超自然的能量。它们在群体的灵魂中唤起伟大的、模糊的意象，但正是那种将它们隐藏起来的模糊，增添了它们神秘的力量。我们可以将它们与隐藏在神龛里的可怕神灵相比较，一个虔诚的信徒靠近时，是会浑身发抖的。

由词语唤起的意象是独立于它们的意义的，所以，同一个口号随着时代的变化而变化，从一个民族到另一个民族，也在变化。一些意象过渡性地依赖着一些词语：词语只不过是让它们显现出来的呼叫按钮。

并不是所有的词语和口号，都有唤起意象的能力。还有的词语和口号在唤起一定的意象之后，就变得陈旧，不能在人的脑海中再唤醒任何东西。于是，它们就变成了空洞的声音，其主要的功用，就是让使用它们的人不再需要思考。我们只需有年轻时学到的一些口号和套话的小小积累，就可以穿越整个人生而不必再有那种累人的思考的必要。

如果我们去看一种特定的语言，就可以看到，组成它的词语在时代的变迁过程中演变缓慢。但是，它们唤起的意象，或者人们赋予它们的意义，却总是在变。这就是为什么在另一部著作中，我得出了这样一个结论：对一种语言的准确翻译，尤其是那些已经逝去的民族的语言，完全是不可能的。事实上，当我们用一个法语词来替代拉丁语、希腊语或者梵语的词，或者甚至当我们试图理解一本几个世纪以前用我们自己的语言写成的书时，我们究竟做了什么呢？我们只不过是用现代生活在我们的智力中唤起的意象和想法，去替代了那些完全不同的概念和意象，那是古代的生活在那些受到与我们的生活条件完全不同的环境制约的人身上唤起的意象和概念。大革命时期的人，以为自己模仿了希腊人和罗马人，其实只不过是赋予了古代的词语一种它们从未有过的意义。在古代人的制度，与我们今天用同样的词语命名的制度之间，能有什么样的相同之处？当时的共和国是什么？其实就是一个完全贵族性的制度，由一小批暴君构成，他们统治着一群群完全服从于他们的奴隶。这些区域性的贵族制是建立在奴隶制度之上的。没有了奴隶制，它们一刻都无法存在。

还有，“自由”一词。在一个根本就没有人想到过什么自由思想的时代，在一个讨论神灵，讨论城邦的法律和风俗是最大的、也是最罕见的罪行的时代，这个词与我们今天的理解，有何相似之处？“祖国”一词，在一个雅典人，或者斯巴达人那里，意味着对雅典或者斯巴达的崇拜，而根本不是对希腊的崇拜，因为希腊由敌对的、总是在打仗的城邦组成。同一个词“祖国”，在古老的高卢人那里，又是什么含义？那时的高卢人被分为敌对的部落，不同的种族、语言和宗教。恺撒轻松地占领了高卢，就是因为他总能在高卢人的内部找到自己的同盟。只有罗马，才给了高卢一个祖国，因为给了它政治和宗教的统一。我们无须追溯到这么久远,只需要向后退不到两个世纪:人们如何相信,同一个词“祖国”，在法国当时的亲王们，比如孔岱大亲王[①]那里，会与今天有一样的概念？当时他与外国结盟，来对抗自己的君主。同样一个词，在大革命时期的流亡贵族那里，跟今天的现代意义也完全不同。他们想象自己遵循了荣誉的原则，跟法国打仗，而其实，这只是按照他们自己的观点，因为封建法律将附庸的邑主与君主联系起来，而不是与土地联系起来，君主在哪里指挥，哪里才是真

① 孔岱大亲王（Le Grand Condé，1621—1686），法国亲王，屡立军功。长期与路易十四争夺王位。最后和解。（译者注）

正的祖国。

有许多这样的词，其意义在不同的时代，出现了深刻的变化。我们只有在做出了很大的努力之后，才能按照当时的意义去理解。人们正确地指出，需要读许多书，才能够理解，在我们的曾祖辈眼中，一个词比如说“国王”、“王室”，究竟意味着什么，更遑论一些复杂的词了。

因此，词语只拥有流动的、过渡性的意义，从一个时代到另一个时代，一个民族到另一个民族，意义都会产生变化。当我们希望通过词语来影响群体时，我们必须知道，在一个特定的时间，该词语对于群体来说的意思，并不是它们以前有过的意义，也不是精神构造不同的个体赋予它的意义。词语如思想，是有生命的。

因此，一旦群体在经历了政治动荡，经历了信仰的改变之后，开始对一些词语唤起的意象表现出一种深深的反感，那么，一个真正的政治家的首要任务，就是去改变这些词。当然，并不去触及事物的本身。事物与一种遗传的构造的联系过于紧密，是无法改变的。敏锐的托克维尔[①]指出，督政府和帝国所做的工作，主要是用一些新词，去装扮过去的大部分制度，也就是说，把一些在人们的想象中能唤起极其糟糕的意象的词，用其他一些词去替

---

① 阿莱克斯·德·托克维尔（Alexis de TOCQUEVILLE，1805—1859），法国著名政治家、政治思想家。他对法国大革命和美国民主的研究和分析，对后世影响巨大。（译者注）

代，这些词语足够新，可以不唤起类似意象。地租变成了土地税，盐赋变成了盐税，扶助金变成了间接贡献和权利混合税，行业管理税变成了营业税，等等，不一而足。

因此，政治家的主要职能之一，就是要为在以前的名字之下被群体憎恨的事物，用受欢迎的或者至少是中性的词，来重新命名。词语的力量是如此之大，只需要一些选择得当的词语，就可以让人接受最可恶的事情。丹纳正确地指出，雅各宾党人正是用了像自由、博爱这样当时非常受欢迎的词，“得以建立起堪与达荷美王国[①]相比的专制，与宗教裁判所相似的法庭，与古墨西哥相似的屠杀”。统治者的艺术，正如律师的艺术，就是要能够善于用词。这是高难度的艺术，因为，在同一个社会中，同样的词，在大多数情况下，对于不同的社会阶层来说，意义是不同的。他们表面上用了同样的词，其实说的不是同一种语言。

在此前的例子中，我们把时间看作是词语的意义发生改变的主要因素。假如我们把种族也作为因素加以考虑，我们就会看到，在同一个时代，在文明发展程度相等、却由不同种族构成的民族那里，同样的词，对应的经常是完全不同的想法。这些不同之处，假如一个人没有大量的旅行经验，是无法理解的，所以，我不在此强调，而仅仅指出一点：正是被运用得最经常的一些词，在不

---

① 达荷美王国（DAHOMEY），18—19世纪非洲大陆上的王国。长期经营黑奴买卖，以独裁、专制著称。一度成为法国殖民地。今贝宁共和国的前身。（译者注）

同的民族中拥有最为不同的意义。比方说，今天用得如此普遍的“民主”和“社会主义”二词。

事实上，它们在拉丁民族的灵魂中，跟在英美人的灵魂中，所对应的思想和意象，是完全相对立的。在拉丁民族那里，民主主要意味着个人的意志和能动性在国家意志前面消亡。国家越来越需要去引导、去集中、去垄断、去制造。所有的政党毫无例外地向国家求助，无论是激进派、社会党，还是君主主义者。在盎格鲁-撒克逊人那里，尤其是在美国人那里，同样一个词“民主”，正好相反，意味的是个体和个体意志的强烈发展，国家自动隐去，除了警察、军队和外交关系以外，国家什么也不领导，甚至连教育也不管。因此，对于这两个不同的民族，同样一个词，有着完全对立的意义[①]。

二 幻想

从文明的曙光开始，人类就一直受到幻想的影响。他们为能够制造幻想的人建起了最多的庙宇、雕塑和祭坛。以前是宗教幻想，现在是哲学和社会幻想。在人类历史上相继开花结果的文明，总有那么一些伟大的幻想在引领人。正是以它们的名义，建起了

① 在《民族演变的心理法则》一书中，我花了很大的篇幅，来强调拉丁民族的民主理想与盎格鲁-撒克逊民族的民主理想之间的差别。（作者注）

迦勒底[①]和埃及的神庙，中世纪的宗教纪念建筑。欧洲在一个世纪以前，也因此而遭遇重大动荡。我们的艺术、政治和社会观念，无不带上它们强烈的印记。人有时可能以暴力、动荡为代价，推翻一些幻想，但是，他似乎早晚还是需要幻想。没有幻想，人走不出原始的野蛮时代，没有幻想，人将很快再次回到原始和野蛮。也许，它们只是一些幻影，但是，正是我们梦想的产物刺激人们创造了所有艺术的辉煌和文明的伟大。

“假如我们在博物馆、图书馆里摧毁所有受到宗教的启发而产生的艺术品，让那些纪念性的建筑在教堂前的石板地上轰然倒下，那么，人类伟大的梦想还剩下什么？”一位概括了我们的信条的作者如此写道：“神灵、英雄和诗人的存在理由，就是给人带来没有了它们就无法生存的希望和幻想。在一段时间内，科学显得可以完成这一职责。但是，对于那些总是对理想产生饥渴的人来说，科学已经不够用了，因为科学不敢许诺太多，又不会撒太多的谎。”

18世纪的哲学家们致力于摧毁我们的父辈在好几个世纪里赖以生存的宗教、政治和社会幻想。摧毁了这些东西的同时，他们也让希望和顺从的源头变得枯竭。在这些被送进了坟墓的幻想的

① 迦勒底，古拜占庭帝国的一个省。（译者注）

后面，他们看到的，是自然的盲目力量，这种力量让弱者无力抗拒，且不知怜悯为何物。

尽管有了很大的进步，哲学还是未能为人民带来可以让他们迷恋的东西。由于幻想对于他们来说不可或缺，他们就本能地，像飞蛾扑火一样，涌向那些可以为他们表述幻想的巧舌如簧的演说家。人民演变的伟大动因，从来都不是真理，而是谬误。社会主义在今天之所以力量不断壮大，就是因为它构成了唯一鲜活的幻想。科学的证据无法阻止它的步伐。它的主要力量，就是因为它是被那些完全无视事物的现实、敢于大胆地向人们许诺幸福的人所捍卫的。社会主义的幻想，如今就建立在过去堆积起来的所有废墟之上，未来是属于它的。群体从未渴望真理。面对那些让他们不适的明显真相，他们转过身去，将谬误神化，只要谬误能够诱惑他们。谁能够带来幻想，就很容易成为他们的主人；谁若是试图让他们幻灭，便会成为他们的牺牲品。

三　经验

经验几乎是唯一可以在群体的灵魂中稳定地建立起一种真理的有效手段，并摧毁变得过于危险的幻想。但是，它必须是在很大范围上完成的，而且需要经常重复。一代人的经验，往往对下一代来说并无用处，也正因如此，拿出一些历史事件作为论证的元素，并无太大用处。它们的唯一用处是证明，经验是多么需要一代一代地重复，才能产生一些影响，并成功地撼动一个已经固定下来的谬误。

我们所处的世纪，以及前一个世纪，也许将被未来的历史学家们视为一个具有奇怪的经验的时代。在任何一个时代，都没有尝试过那么多的实验。

最大的实验，就是法兰西大革命。为了去证明我们不能依靠纯理性的指导，去重新建立一个全新的社会，竟然需要在20年中，屠杀几百万人，动摇整个欧洲。为了通过实验去证明，一个受到民众拥戴的恺撒，会使他们付出巨大的代价，在50年内，竟然进行了两次毁灭性的实验，而且尽管它们已经那么明显，却好像依然还是不够具有说服力。第一次是三百万人死亡的代价，以及一次入侵。第二次让社会解体，显示了职业军人的必要性。几年前，差一点尝试了第三次实验。今后也肯定还会被尝试。为了证明德国军队并非如我们在1870年前接受的教育所说，只是一支毫无威胁的国民自卫队[①]，居然需要一场让我们付出

---

① 在这种情况下，群体的意见是通过对完全不同的事物的粗浅联系而得以形成的。我已经在此之前展示了这一机制。我们当时的国民自卫队，是由平和的店铺老板组成的，毫无任何纪律的痕迹，不能被当回事。所以，一切同样叫法的东西，就会在脑子里唤起同样的意象，也会被看作是没有威胁的。群体的谬误，如同普遍的舆论一样，当时同样发生在他们的领导者身上，1867年12月31日，在一次国民公会的讲话中，经常听取群体意见的政治家梯也尔再次强调，普鲁士除了拥有一支与我们数量大致相等的活跃军队之外，只有一支与我们相似的国民自卫队，没有什么重要性。这位政治家还认为，铁路是没有什么前途的。这两种说法，真是同样精辟啊！（作者注）

巨大代价的战争。为了承认贸易保护主义最终会让所有采纳它的民族经济崩溃，我们将会需要多次灾难性的实验。此类例子，不胜枚举。

四　理性

列举可以影响群体灵魂的因素时，我们可以不提到理性。但是，我们有必要提到它的影响的负面价值。

我们已经证明，群体是不受逻辑推理影响的，他们只理解一些粗浅的联想。因此，那些知道如何影响他们的演说家们总是求助于他们的情感，从不求助于理性。理性逻辑的法则，对于群体起不到任何作用[①]。为了战胜群体，首先必须意识到他们是被什么样子的情感所驱动的，然后假装认同这些情感，再通过最基本的

---

① 我的那些有关如何影响群体的考察，以及逻辑法则在这方面是多么的无用的最初印象，产生于巴黎被围的时期。那一天，我看到V元帅被拉到了当时的政府所在地卢浮宫前。因为一群愤怒的人认为正好抓到他在复制防御地图，以卖给普鲁士军队。G.P.先生，政府成员，著名的演说家，走了出来，面对要求马上处决这位元帅的人群，开始讲话。我以为他会指出，这一指责是多么的荒谬，指出正是这位被指控的元帅，参与了防御工事的建筑，而且防御工事的地图，可以在任何一家书店买到。我十分惊讶地看到——我当时还非常年轻——他说的完全是别的东西。演说家走向被捕的元帅，高声喊道“正义一定会来临！正义会毫不留情！让国防部来结束你们的调查。在此之前，我们要把罪犯关押起来。”人群马上就被这一表面上的满足平息下来，散掉了。十五分钟之后，元帅就回到了他的家里。假如这位为他辩护的人面对愤怒的人群，大讲一通稚嫩的我以为最能说服人的逻辑道理，这位元帅当时肯定就被人当场撕成肉屑。（作者注）

联想手段，唤起一些暗示的意象，试着去改变这些情感。知道在需要的时候回到原点，尤其是每一刻都要猜测产生了什么新的情感。这种在说话的时候根据所产生的效果而及时改变语言的必要性，使得一切精心准备、研究详尽的讲话变得毫无用处。一个顺着自己的思路走，而非顺着听众的思路走的演说家，仅仅因为这一点，就会没有任何影响力。

那些习惯于严密推理的、具有逻辑思维能力的人，在跟群体讲话时，总是禁不住要使用这种严密的说服手段，他们总是惊讶地看到，这样做没有任何效果。一位逻辑学家这样写道："建立在三段论基础上的严密的推理结果，也就是建立在同一性联想基础之上的推理结果，是必要的……必要性甚至可以让一个无机体产生赞同，只要该无机体跟得上同一性联想。"也许吧。但是，群体并不比无机体更跟得上同一性联想，他们甚至根本就不听。比方说，你可以去试一试，用逻辑推理去说服原始人，野蛮人，或者孩子，你就会发现，这样的论证方式几乎没有价值。

我们甚至无须追溯到原始人，就可以看到，在与情感做斗争的时候，理性的推理是完全无能为力的。我们只需要想一想，在好几个世纪当中，宗教迷信是多么的顽固。它们与最简单的逻辑相悖。在几乎两千年的时间内，最明智的天才也在迷信法则之前屈服，一直要等到现代，才对这些迷信的真实性产生质疑。中世纪和文艺复兴时期，明智者大有人在，却没有一个人理性告诉自已，这些迷信有多么幼稚的方面。没有一个人对魔鬼的罪行或者焚烧巫师的必要性产生过一丝怀疑。

是否需要感到遗憾，既然理性并非群体的向导？我们不敢说。可以肯定的是，人类的理性没有能够像幻想一样，带着激情和勇敢，引领人类走上文明之路。作为引导我们的潜意识的产物，那些幻想可能是必要的。每一个种族，在它的精神构成上，都带有它的命运的法则。也许，它是根据一种无法遏制的冲动，在遵循这些法则，即便是看上去最不理性的冲动。有时候，人民所遵循的，是一种隐秘的力量，正是类似的力量，让一颗橡果变成了橡树，让彗星沿着它的轨道运行。

我们对于这种力量的感知，必须到一个民族演变的整体方向中去找，而不是到一些孤立的事件中去找。有时候，这一演变看上去像是从这些孤立事件中涌现出来的。假如我们只去看那些孤立的事件，历史会显得只是被一些荒诞的偶然所决定。一个加利利地区的没文化的木匠，可以在两千年中，成为一个无所不能的上帝，一些重要的文明以其名而建立[①]。这是不可思议的。几批从沙漠里走出的阿拉伯人，可以征服古希腊罗马世界的大部分领土，建立起一个比亚历山大大帝还要伟大的帝国，也是不可思议的。还有不可思议的是，在等级森严的古老欧洲，一名普通的炮兵中

① 指耶稣。因为他出生于加利利地区的拿撒勒。约瑟是木匠，所以耶稣从小就学会了木匠的手艺。（译者注）

尉，居然成功地统治许多不同的民族，统治各个国王。

所以，我们还是把理性还给哲学家们，不要在治理人的事务中，让理性介入太多。**许多情感，比如荣誉、忍让、宗教信仰，对荣耀和祖国的爱，到目前为止，一直是所有文明的重要推动元素，它们都不是因为理性而诞生的，**而且往往是在理性根本无能为力的情况下诞生的。

第三章

群体的领袖和他们的说服手段

1. 群体的领袖 /

群体中所有人都需要听从一名领袖的本能需求 /

领袖的心理 /

只有领袖，才能创造出一种信仰，为群体带来组织 /

领袖必然是专制的 /

对领袖的归类 /

意志的作用。

2. 领袖的行动手段：断言、重复、传染 /

这些因素的不同作用 /

传染如何可以从一个社会的低级阶层，

上升到高级阶层 /

一种民众的意见很快变成普遍意见。

3. 威望 /

对威望的定义和分类 /

被赋予的威望，以及个人威望 /

不同的例子 /

威望如何消亡。

群体的心理构成，我们现在已经知道了。我们也已经知道，什么样的因素，可以影响他们的灵魂。现在我们需要去探寻，这些因素需要怎样去运用，以及通过谁才可以被有效地运用。

一　群体的领袖

一旦一定数量的生灵聚集到了一起，无论是一群动物，还是一群人，都会本能地把自己放置到一个领袖的威权之下，也就是服从一个领袖。

在人群中,领袖的作用是巨大的。他的意志是核心,围绕着它，意见可以形成，相互认同。群体是不能没有主人的羊群。

领袖在最经常的情况下，首先是一个自己被一种理念操纵的人，然后，他成为该理念的传教者。理念占据了他，以至于没有它就会一切都消失。一切不同的意见在他看来，都是谬误或者迷信。比如罗伯斯庇尔，被他那些空想的理念所催眠，运用了宗教裁判所的手法来推广它们。

最经常的情况下，领袖并非思想家，而是行动家。他们并不很明智，而且不能太明智，因为明智一般会导致怀疑和不行动。他们更多地属于那些神经质的人、超级激动的人、半疯狂的人，处于疯狂的边缘。无论他们捍卫的理念或者他们追求的目标有多么荒诞，一切逻辑推理在他们的信念之前，都失去功效。对他们的蔑视和迫害只能更加刺激他们。个人的利益、家庭，一切都可以被牺牲。在他们身上，保守本能也消失了，以至于他们要求的唯一回报，就是成为殉道者。信念的强度，给了他们的话语一种强大的暗示能力。大众总是会去听从那些具有坚强意志的人。个体聚集成群体，失去一切意志，就会本能地听从一个具有意志的人。

人民从未缺过领袖，但是，并非所有领袖都具有让自己成为传道者的强烈信念，中间还是有一定的距离的。他们往往是一些巧妙的演说家，只追求自己的利益，通过向低级的本能献媚来说服群体。如此产生的影响总是短暂的。那些伟大的、能够激发群体的灵魂的信念持有者，如隐士彼得[①]、路德、萨沃纳罗拉[②]、大革命时期的领袖等等，之所以能够令人着迷，有人追随，是因为他们在此之前本身已经被一种信仰所迷惑。于是，他们能够在灵魂中创造出这种伟大的力量，即所谓的信念，使人们成为其梦想的绝对奴隶。

创造出一种信念，无论是宗教信念、政治信念、还是社会信念，将信念注入一个事业、一个人、一个理念，这就是那些伟大的领袖起到的主要作用。在人类所拥有的所有力量中，信念一直都是

---

① 隐士彼得。法国11世纪著名教士。响应十字军东征的号召，并亲自参与，在军中传道。（译者注）

② 萨沃纳罗拉（SAVONAROLA，1452—1498），意大利多明我派教士。1494—1498年在佛罗伦萨实施宗教神学的独裁。1498年被教皇定为异端，经折磨后被处死。（译者注）

最伟大的之一。《福音书》中认为，信念具有移山的力量，完全是有道理的。赋予人一种信念，那就是让他的力量倍增。历史上的一些伟大事件，经常就是被一些只知道自己的信念的盲目信徒所完成的。曾经统治全世界的宗教，从地球的这边延伸到那一边的广袤帝国，都不是由文人、哲学家，尤其不是由怀疑论者建立起来的。

但是，这样的例子只适用于一些伟大的领袖。他们人数不多，以至于遍览历史，也是屈指可数。他们构成了一个延续的系列的顶端，从强大的人类领袖，一直到普通的工人，在一个烟雾缭绕的小旅店里，慢慢地吸引他们身边的朋友，不断地重复一些他们自己也根本不明白意义的说法，但是，按照他们的想法，一旦实施了这些说法，肯定就可以实现所有的梦想，所有的希望。

在每个社会圈子里，从最高的到最低的，一旦人不再孤立，他就马上需要接受一个领袖的法则。大部分的个体，尤其是普通民众，在他们的专业之外，不具备任何逻辑清晰的思想，没有能力自我引导。领袖就成了他的向导。有时候，向导可以被一些定期发表的文章来代替。这些杂志会为它们的读者提供意见，制造舆论，为他们提供一些现成的套话，使他们可以不去思考，但这还是非常不够的。

领袖的权威是非常独裁的，而且之所以能够让人接受，就是因为这种独裁。我们看到，他们其实并不拥有任何可以支撑他们权威的手段，却能在最骚乱的工人阶层也让人轻易服从，由他们来定工作的时间，薪水的比例，决定是否罢工，让他们在固定的时间开始罢工，结束罢工。

今天，随着公共权力受到质疑、变弱，领袖们有渐渐取而代之的倾向。这些全新的主人依靠他们的独裁，从群体那里得到一种政府从未得到过的顺从。假如出于随便一种偶然，领袖消失了，而且并非马上被人接替，群体就又成为一个没有统一性，没有抵抗能力的集体。在一次巴黎公车职工的罢工时期，只抓捕了两名领头的人，罢工就终止了。统治群体的灵魂的，不是自由的需要，而是奴役的需求。他们的服从渴望，让他们本能地顺从一个自称是他们主人的人。

在领袖的类别中，我们可以做出一种截然的区分。一些是精力过人的人，有坚强的意志，但持续时间不久；另外一些，要罕见得多，具备一种既坚强又有持续性的意志。

前者粗暴、勇敢、大胆，他们的作用，主要表现在可以临时站出来进行组织，尽管有危险，也能让民众勇往直前，将前一夜的懦夫变成英雄。比方说，在第一帝国时期的内伊和穆拉[①]，就是

---

① 米歇尔·内伊（Michel NEY，1769—1815），拿破仑时期重要元帅，以勇猛著称，被誉为“勇者中之勇者”。他的两个儿子也成为重要的将领和政治家。约阿钦·穆拉（Joachim MURAT，1767—1815），拿破仑时期重要元帅。因与拿破仑之妹卡洛琳结婚而成为亲王，1808—1815成为那不勒斯的国王。（译者注）

这一类。还有今天的加里波第[①]，此人是一个没有才华的冒险家，但他精力过人，带着一小群人，硬是占领了被一支正规军队防守的古那不勒斯王国。

但是，这些领袖虽然精力过人，却并不持续，随着刺激群体的东西消失而消失。一旦回到了日常生活，那些我前面列举的英雄经常会显示出令人惊叹的软弱。在一些最简单的环境下，他们也显得没有能力思考，没有能力自我引导。只有在他们自己本身也被操纵，不断被刺激的情况下，才能完成他们的作用。他们需要不断感觉到在他们之上，存在一个人或者一种思想。他们需要遵循一条已经划出的行为路线。

第二类领袖，那些具有持续的意志的人，尽管看上去没有那么惊天动地，却产生一种强大得多的影响力。他们中间有着真正的宗教或者伟大事业的奠基者：圣保罗，穆罕默德，哥伦布，斐迪南·德·雷赛布[②]。无论他们是聪明的，还是愚笨的，都没有关系，世界永远属于他们。他们所拥有的持续的意志，是一种非常罕见的能力，而且威力无穷，能让一切都臣服。人们并不总是能够意识到一种坚强而持续的意志可以带来的力量。没有任何东西可以

---

① 加里波第（Giuseppe GARIBALDI，1807—1882），意大利将军，政治家，被视为意大利的“国父”之一。（译者注）

② 斐迪南·德·雷赛布（Ferdinand de Lesseps，1805—1894），法国外交家、企业家，因开掘了苏伊士运河而著称。后因开掘巴拿马运河遭遇失败而获刑。在本书中占有重要地位，勒庞多次提到。（译者注）

抵御它，无论是大自然，还是神灵，还是人。

最近的一个例子，来自那位伟大的工程师，他凿开了两个世界，实现了三千多年来多少君主徒劳尝试了的事业。后来，在一件类似的事业中，他失败了，但他当时已经老了，一切都已经熄灭了，甚至包括他的意志。

要想证明意志的力量，只需细细地讲述开凿苏伊士运河所需要克服的种种困难。卡扎利斯是一位亲眼看到了的见证人。他精彩地概述了这位伟人本人是如何讲述这一伟大的事业的。“他每天都讲述运河的史诗，每天讲一个片段。他讲述了所有他必须战胜的东西，所有那些由他变成了可能的不可能，所有的抵触，那些针对他而建的敌对同盟，那些失败、挫折、沮丧，但这都没有能够让他失去勇气，打倒他。他回忆起，英国一方总是不断攻击他，打击他。还有埃及和法国，总是犹豫不决。法国的领事比任何人都反对最初的工程。由于他的反对并没有奏效，他就用断水来对付工人，不给他们提供淡水；还有那些海军部的人，那些工程师，都是正儿八经的人士，经验丰富，懂科学，但都反对他，都坚决认为会产生可怕的后果，计算可怕的后果会在哪一天出现，甚至保证会在哪一天，几点钟出现，就像人们预测日食一样。”

在一本讲述所有这些伟大的领袖的书里面，会只有少数几个名字，但是，这些名字总是出现在文明和历史的最重要的事件的顶端。

二　领袖的影响手段：断言、重复、传染

当需要在短时间内率领一个群体去做任何一件事：抢劫一个宫殿，誓死防御一个街垒，就必须通过快速的暗示，对群体施加影响。最为有效的还是榜样。这种情况下，还需要群体已经被一些形势做好了铺垫和准备，而想要率领群体的人，必须拥有我在后面将要探讨的一种品质：威望。

当需要在群体的头脑中慢慢灌输一些思想和信仰——比方说现代社会思想——领袖们的方法就各有不同了。他们主要借助于以下三种的手段：断言、重复、传染。影响过程是比较缓慢的，但效果却是持久的。

简单、纯粹的断言，摆脱一切的逻辑推理和证据，是让一种观念渗透群体的脑海的有效手段。越简洁的断言，越没有论证和证据，就越有威信。宗教书籍和所有时代的法令，都是通过简单的断言而产生影响的。一个需要捍卫任何政治事务的政治家，那些通过广告来推广他们产品的企业家，都知道断言的价值。

然而，断言要想产生真正的影响，就需要不断被重复，一直都用同样的说法，重复得越多越好。拿破仑说过，只存在一个真正的修辞手法，那就是重复。被断言了的事，通过重复，可以完全渗透到人的精神中，以至于作为一个已经得到证明的真理而被接受。

只要看一看，重复是如何对最智慧的人产生影响的，我们就很能理解重复对群体的影响。事实上，被重复的事情，能够渗透到潜意识的最深层区域，正是在那里，形成了我们行动的动因。在一段时间之后，我们就忘却了是谁重复了那些断言的话，于是就相信了。广告的令人惊叹的威力，就在于此。当我们读到了一百次，说最好的巧克力是 X 牌的巧克力，我们就会想象，已经听人说起过多次了，最后，我们确信，确实如此。如果一千次证明了 Y 牌药粉治愈了那些最伟大的人，而且都是一些顽症，那么到最后，当我们得了类似病症的时候，也会去尝试。如果在同一份报纸上重复地看到，A 先生是一个不折不扣的无赖，B 先生是一个非常诚实的好人，我们最后也就确信这一点，当然，前提是我们不经常去读另外一家意见对立的报纸，那样的话，同样的定义就被倒过来用了。只有断言和重复，有足够的威力，可以打来打去。当一种断言被重复了足够的次数，并在重复中得到一致认可，就像一些金融企业买下了所有债权，就会形成人们所说的舆论，这时候，强大的传染机制就出现了。在群体那里，思想、感情、情感、信仰，会像细菌一样，具有强烈的传染能力。这一现象在动物界也可以观察到，只要动物聚集在了一起。马厩里一匹马的一个抽搐，很快就会被马厩里其他马模仿。几头绵羊的惊恐，一丝骚乱的行动，很快就会传遍整个羊群。情感的传染，可以解释突如其来的恐惧。一些脑子的紊乱，比如疯狂，也通过传染而散布开来。我们知道，精神病医生当中，有多少人自己得了精神病。还有人提到，有些疯狂，比如对空阔的场所的恐惧症，甚至可以从人传染到动物。

传染并不要求个体必须同时出现在一个点上；在一些事件的影响下，它可以远程进行。这些事件将人们引向同一个方向，并赋予群体一些特殊的性格，尤其当这些事件是由我前章研究过的遥远的动因所铺垫而成时。因此，比方说，1848 年的革命爆发，始于巴黎，很快就远及欧洲的大部分地区，并让好几个君主立宪体制应声倒台。[①]

人们提到的在社会现象中起到了重要影响的模仿，实际上只不过是传染的后果。由于已经在其他著作中展示了它的作用，我在此仅加以引用。这是我很久以前写的，后来被其他作者进行了发挥：

“跟动物一样，人的天性喜欢模仿。模仿成为人的一种需求，条件当然是这一模仿必须是很容易的。时尚的影响就产生于这一需求。无论是舆论、思想、文学活动，或者简单的服装，有多少人敢于挣脱模仿的控制？引导群体的，不是逻辑论证，而是榜样。在每一个时代，少数个体以他们的行动成为无意识的民众的模仿对象。然而，这些个体同样不能太超凡脱俗。否则的话，就太难

① 参阅我的最新著作：《政治心理学，舆论和信仰，法兰西大革命》。（作者注）

进行模仿了，他们的影响就化为乌有。正是出于这一原因，一些过于超越时代的人，基本上对那个时代没有任何影响。因为差距太大了。也是出于同样的原因，欧洲人尽管在文明上有诸多领先，对东方民族的影响却微不足道。

由于受到过去和相互模仿的双重影响，同一国家、同一时代的人变得如此的相似，以至于，即便在那些看上去最能够摆脱影响的人，如哲学家、学者和文学家那里，思想和风格都具有同一家族的特色，使人一眼就可以看出他们所从属的时代。跟随便一个人闲聊一会儿，就可以深深地知道，他平时读些什么，做些什么，以及他所处的领域。”[①]

传染足够强大，不仅可以强迫人们接受一些舆论，还可以让人接受一些感知的方式。正是传染的作用，让人在某个时期蔑视一部作品，比如说《汤豪舍》，而在几年以后，又让那些对其进行了最大诋毁的人去赞美它。

通过传染的作用，而很少通过逻辑推理，舆论和信仰得到传播。当今一些有关工人的概念，就是在有歌舞的小酒馆内，通过断言、重复和传染而深入人心的。任何时代的群体信仰，都不是通过其他手段创造出来的。勒南非常正确地将早期的基督教创始者与“从一个酒馆到另一个酒馆去传播他们思想的工人社会主义

---

① 古斯塔夫·勒庞，《人与社会》，第二卷，第116页，1881年。（作者注）

者”相比较。伏尔泰在提到基督教时指出，“在最初的一百多年时间内，只有最卑鄙、流氓的人，才信基督教。”

在一些与我列举的情况相似的例子中，传染在民众阶层起到了作用之后，会上升到社会的高级阶层。因此，今天，社会主义的教理，在那些原则上会成为首当其冲的受害者的人那里，也开始传播开来。面对传染机制，个人利益的意识也消除了。

这也是为什么，一切为民众所接受的意见，最终也让高层次的人群接受，即便被人接受了的意见一眼就能看出有多么的荒诞。低级的社会阶层对高级阶层的这种作用力，是一件非常奇怪的事情，尤其因为，群体的信仰，总是或多或少衍生于一些高级的观念，而这些高级的观念在它们诞生的环境中，却一直并不产生影响。被这些高级的观念迷惑了的领袖们及时抓住它们，改造它们，创造出一个小派别，再对它们进行改造，然后使之以其越来越扭曲变形了的形式，在群体中流传。一旦变成了民众心目中的真理，它就可以说是回溯到了自己的源头，并从此对一个国家的高级阶层产生影响。说到底，是智力在引导世界，但是，智力实在是从太遥远的地方在引导世界。创造了观念的哲学家们早已成为尘埃，而他们的思想，通过我刚才描述的机制所产生的效果，最终获得胜利。

三　威望

经过断言、重复和传染之后得到传播的意见，之所以具有强大的能量，是因为它们最终获得了一种神秘的力量，就是威望。

所有统治了世界的，无论是思想，还是人，都主要通过一种不可抵抗的力量而得以成功，那就是人们称作“威望”的力量。我们都知道这个词的意思，但是，人们过于多样地使用这个词，以至于我们很难去定义它。威望可以包含一些情感，比方说佩服，害怕，有时候它们甚至构成了威望的基础。但同时，它又完全可以不依赖这两样东西而存在。一些人已经死去了，因此我们也不可能去害怕他们，如亚历山大、凯撒、穆罕默德、佛陀，但这些人都具有无比的威望。另一方面，一些我们并不佩服的虚幻产物，比方说印度那些地下庙宇中面目丑陋的神灵，也依然让我们觉得具有很大的威望。

事实上，威望是一个个体、一部作品，或一种教理对我们的迷惑。这种迷惑力让我们所有的批评能力瘫痪，让我们的灵魂充满了惊讶和尊敬。由此而引发出的情感是无法解释的，正如所有情感一样，但可能与被一个充满磁场的人带给我们的暗示属于同一类型。威望是一切统治的最有力的支撑。没有威望，神灵、国王和女人都无法高高在上。

我们可以将不同种类的威望总结为两种主要的形式：被赋予

的威望，以及个体的威望。被赋予的威望，是一个人的名字、财富、名望所带来的威望。它可以独立于个人的威望。个人的威望则相反，带有一种纯粹个人的东西，有时候会与名望、荣耀、财富等共存，或者被它们加强，但完全可以以一种独立的方式存在。

被赋予的威望，或者说人为的威望，是最普遍的一种。仅仅因为一个人占着某个位置，拥有一定的财富，有一些头衔，他就带上了威望的光环，即便他没有太多的个人价值。一个穿上了制服的军人，一个穿上了红袍的法官，总是有他的威望。帕斯卡非常准确地指出，对于法官来说，袍子和假发是非常必要的。没有了它们，法官就会丢掉他们的一大部分威权。最激进的社会主义者，在看到一个王子或者侯爵的时候，也会激动；类似的头衔，足以向一个商人行骗，骗走任何东西。[①]

我刚刚提到的威望，是人产生的威望。除此之外，我们可以

---

① 这种头衔、饰带、制服对群体的影响，可以在所有国家看到，即便在一些个人的独立感得到很大发展的国家。我在此引用一位旅行家关于一些英国人的威望的书，这是非常有意思的一段：

“在许多场合下，我都发现，即便是最理性的英国人，在接触到或者见到一个英国贵族的时候产生的那种特殊的沉醉感。”“只要他地位够高，他们就喜爱他，一旦能与他一起，就会着了迷地接受他的一切。我们可以看到，他们接近他时，脸上出现红晕，假如他跟他们说话，那他们的快乐就愈加强烈，脸变得更红，眼睛里闪烁一种平时没有的光亮。他们天生热爱爵爷，假如可以这么说的话，正如西班牙人天生热爱舞蹈，德国人天生热爱音乐，法国人天生热爱革命。他们对莎士比亚的骏马的热情也没有那么高涨，从那里获得的满足感和骄傲，也没有那么深入。在英国，《贵族之书》的销售量极大，无论我们走得多远，就像《圣经》一样，都是人手一册。”（作者注）

加上意见、文学作品或者艺术作品所产生的威望。通常，这只不过是一些重复的堆积的结果。历史，尤其是文学史和艺术史，往往只是一些同样的判断的重复，没有人想到去查一查对不对，于是，每一个人都在重复他在学校里所学到的东西。有一些名字，有一些东西，是任何人都不敢碰的。对于一个现代读者来说，荷马的作品中有一种不可否认的、巨大的无聊；可是，又有谁敢说呢？万神庙，在现在这样一种状态下，就是一个废墟，失去了许多意义，但是，它具有如此大的威望，所以，人们看它的时候，都是带着它的那些成串的历史记忆。威望的特点，就是阻止人们把一样东西如实地去看，就是让我们的判断力瘫痪。群体总是需要现成的意见，个体则经常需要现成的意见。这些意见受欢迎，跟它们含多少真理或谬误无关；只因为有威望，才受欢迎。

我现在来谈谈个人的威望。与人为的或者被赋予的威望不同，它构成了一种独立于任何头衔、任何威权的能力。极少数拥有它的人，对周边的人能产生一种真正的磁场般的吸引力，包括与他们平起平坐的人。人们服从于他们，就像凶猛的野兽服从驯服者，其实，它们很容易就可以吞吃掉驯服者。

人类伟大的领路人，佛陀、耶稣、穆罕默德、圣女贞德、拿破仑，都具备这样一种高层次的威望形式。正是靠了这样一种威望，他们必须被人接受。神灵、英雄和教理是人们必须接受的，没有讨论的余地，一旦人们开始讨论，他们就消失了。

我刚刚提到的这些人远在他们成为杰出的人之前，就已经具备令人着迷的能力了，而且正是因为这些能力而成为伟人。拿破仑在其荣耀的顶点，仅仅通过他的权力，就产生一种巨大的威望。但是，这样一种威望，他在他生涯的早期就已经部分拥有了。当他作为一个默默无闻的将军，在别人的抗议之下，被他的保护人派到意大利去指挥军队的时候，他面对的是一批粗鲁的将军。这些人都已经准备好，要给这位督政府强加给他们的年轻的僭越者一点颜色看看。从第一分钟起，从第一次见面起，无需拿破仑一句话、一个手势，无需威胁，他们只是看了第一眼这位未来的伟人，就都被驯服了。丹纳根据同时代一些人的回忆，写出了这次会面的情形，非常有意思：

“当时军队里的那些将领，比方说奥日罗[①]，是骁勇善战又非常粗鲁的军人，对自己高大的身材和所向无敌的勇气颇为自诩。他们来到总参谋部的时候，对巴黎强行派来这样一位踌躇满志的小矮个，心里是非常不舒服的。在听完对拿破仑的介绍后，奥日罗头一个满嘴侮辱之词，愤愤不服：他充其量就是巴拉斯[②]的红人，

---

① 皮埃尔·奥日罗（Pierre AUGEREAU，1757—1816），拿破仑时代的帝国元帅。出生卑微，没有接受过正式教育。（译者注）

② 保罗·巴拉斯（Paul BARRAS，1755—1829），法国政治家。积极参与法国大革命，投票赞成将路易十六送上断头台。促进成立了督政府，并担任督政，直至拿破仑政变。（译者注）

葡月风云中成了将军，出身低下，被人看作是一头熊，因为总是只有他一个人在思考，而且并不器宇轩昂。也许作为数学家、梦想家，他倒还有些名望。他们被引进参谋部，拿破仑让他们等了很久，最后终于出现了。他带着佩剑，摘下军帽致意后又戴上，解释了一下他的部署，下了命令，然后就说他们可以走了。奥日罗一句话也说不出来；到了外面，他才定了神，又开始骂骂咧咧、满嘴脏话地说话。他完全同意马塞纳[①]的说法：这个小个子的'混……将军'，让他感到了害怕。他不知道是什么东西，让他在第一眼的时候，就被镇住了。"

等到成了伟人之后，拿破仑因荣耀而声誉日隆，威望更高，达到了信徒眼中的神的高度。旺达姆将军，是一个参与了革命的雇佣军人，比奥吉罗还要粗鲁，还要盛气凌人。1815 年的一天，他与多尔纳诺[②]元帅一起登上杜伊勒里宫的台阶，这样讲他对拿破仑的感受：

"亲爱的元帅，这个魔鬼般的男人，彻底迷惑了我。我根本

---

① 安德烈·马塞纳（André MASSÉNA，1758—1817），帝国时期元帅。因在意大利的里沃利获得大胜而成为里沃利公爵。（译者注）

② 菲利普·安托万·多尔纳诺（Philippe Antoine d'ORNANO，1784—1863），法国贵族，帝国时期元帅，拿破仑的表弟。（译者注）

搞不懂。要知道，我这个人，既不怕上帝，也不怕魔鬼，但我一旦靠近他，会跟孩子一样颤抖起来。他可以让我从一个针孔里钻过去，然后把我扔到火里。”

对于所有靠近他的人，拿破仑都会产生那样一种魔力。[①]

达武[②]对马莱[③]和他自己对皇帝的忠诚度进行了比较："假如皇帝对我们两个人说：出于我的政治需要，必须毁掉巴黎。任何人不得出去，不许逃走。我可以确信，马莱肯定会守口如瓶，但他会忍不住偷偷违背皇帝的命令，让他的全家逃走。但是，我呢，我会害怕皇帝猜到这一点，而让我的妻儿都留在巴黎。”

正是这种令人惊叹的迷惑人的能力，解释了他为什么可以从

① 皇帝非常清楚自己的威望，所以，他对待身边的一些要人，就像对待低级士兵一样，从而更加提高自己的威望。其中有不少是让整个欧洲都害怕的国民公会议员。在这一点上，当时的许多叙述，都很能说明问题。有一天，正开着国务会议，拿破仑粗暴地斥责波尼奥，仿佛他是一个犯了错的仆人。等起到了效果之后，他走近波尼奥，对他说："怎么样？蠢极了的家伙，现在明白了吧？”听到这句话，波尼奥这个大高个，深深地弯下腰，拿破仑这个小矮个伸出手，揪了揪他的耳朵。波尼奥后来写道：这种恩宠让人心醉，这是一个充满人性的伟大主人的亲昵手势。类似的大量例子，让人清晰地看到，在威望面前，人会有怎样的卑躬屈节。它们也让人理解，为什么这位伟大的独裁者如此瞧不起他身边的人。（作者注）

② 路易·尼古拉·达武（Louis Nicolas DAVOUT，1770—1823），帝国时期元帅。被视为常胜将军，追随拿破仑直至滑铁卢一战。（译者注）

③ 于格-贝尔纳·马莱（Hugues-Bernard MARET，1763—1839），拿破仑亲信，官至帝国时期外交部长，拿破仑授予他巴萨诺公爵的爵位。（译者注）

厄尔巴岛回到巴黎。就这样一个孤零零的人，居然一下子重新征服了整个法国，打败了整个国家组织起来反对他的力量。人们应当可以相信，当时这个国家已经厌倦了他的暴政。然而，他只需看上一眼那些被派来狙击他、并发誓要捕捉他的将军们，大家就都缴械顺从。

英国将军吴士礼写道："拿破仑几乎独自一人回到法国，像个逃犯般离开成了他的王国的厄尔巴岛，仅仅用了几个星期，就兵不血刃地推翻了当时合法的国王统治下的全法国的权力组织：难道在历史上，有过其他例子，证明一个人的个人魅力可以达到这样的力量？可是，在这场战役，也是他最后的一场战役中，他对于联军的魅力影响，同样是如此的巨大，让他们乖乖跟着他的作战计划走，而且，最后的胜负真的只是在毫发之间啊！"

在他去世之后，他的声望依然存在，不减反增。正是他，让一个并不杰出的侄子当上了皇帝。看到今天他的传奇又在复活，我们可以猜出，这位伟人的影子依然强大。粗暴对待人，成百万地屠杀人，到处侵略，只要你有足够高的威望，以及足够的才能，去维持这种威望，你就可以为所欲为。

不错，我在这里提到的是一个绝对例外的例子，但它能帮助我们理解伟大的宗教、伟大的理论和伟大的帝国的诞生和起源。如果没有威望对群体所产生的影响，这一起源是不可理解的。

但是，威望并不仅仅建立在个人魅力、军功和宗教恐怖之上；

它的起源可以没有那么伟大，但依然影响巨大。我们这个世纪提供了一些例子。其中的一个会被后代一直记住。前面我们已经提到过这位伟大的人物，他分出了两块陆地，改变了地球的面貌，改变了人们的商业关系。他能完成他的事业，一方面依赖于他的坚强意志，但同时也因为他对周边所有人的吸引。面对全面的反对意见，他只需站出来，说几句话，那么，在他的魅力影响下，反对者就成了朋友。尤其是英国人，坚决反对他的计划；他去了一趟英国，就让所有人拥护了他，后来，他去了南安普敦，每到一地，钟声就会响起来。他征服了一切，无论是人或事，于是，他相信自己不会再有任何障碍，就想以同样的手段在巴拿马建起与苏伊士运河一样的一条运河。但是，能够移山的信仰，只有在山并不太高的情况下，才真的能移动它。高山岿然不动。接下来的灾难，打碎了围绕着英雄的灿烂光环。他的生活经历告诉人们，如何才能让威望更高，或让威望消失。他起初的威望，可以与最著名的历史人物比肩。结果，他被国家的法庭硬是拉到了最坏的罪犯的行列。他去世后，灵车经过一大批漠然的人群的中间。只有外国的元首们向他表示了致意。[①]

但以上列举的例子，都代表了一些极端的形式。要想从细节上建立起有关威望的心理学，就需要考察整个群体系列，从宗教和帝国的缔造者，到一些想通过一件新衣服或者一个装饰品而让邻居觉得了不起的个体。

在这一系列的两个极点的中间，有着一个文明的不同元素中所有形式的威望：科学、艺术、文学，等等。我们可以看到，威

---

① 一份国外的报纸，维也纳的《新杂志》，在提到斐迪南·雷赛布的命运时，发了一些感叹，触及非常深刻的心理学，正因如此，我把它在此引用：

“在斐迪南·德·雷赛布被判刑之后，我们就无权再对哥伦布的悲惨结局表示什么惊讶了。如果斐迪南·德·雷赛布是骗子的话，那么，一切高贵的幻想都是罪行。要是在古代，人们会给斐迪南·德·雷赛布带上荣耀的桂冠，让他在奥林匹斯山上畅饮琼浆。因为他改变了大地的面貌，完成了一些能够让神的创造变得更加完善的事业。上诉法庭的庭长定了斐迪南·德·雷赛布的罪，此人将因此而不朽，因为人们将不断地询问，究竟是谁，让一个被他的同时代人引以为荣的老人，不得不穿上苦役犯人的囚衣，从而让整个世纪都因此而变得卑鄙、低下。

再也别跟我们说什么法律的公正无私，我们看到的，是官僚对大胆的、伟大的事业的憎恨占了上风。民族需要这样相信自我的、大胆的人，他们可以冲破所有障碍，而丝毫不去考虑自己。一个天才是不会过于谨慎的；太谨慎的人，永远都无法拓宽人类活动的圈子。

斐迪南·德·雷赛布经历了成功的沉醉，以及失望的苦涩：苏伊士和巴拿马。此时此刻，我们的心灵要抗议成者为王败者寇的道德观。当斐迪南·德·雷赛布成功地将两片大海连接在一起，君主和国家，都向他表示致敬。今天，面对安德里亚群山的岩石，他失败了，就成了一个庸俗的骗子……这是一个社会的各个阶层之间的战争，是官僚和职员们的不满导致了对那些想要高于别人的人的报复。……现代的立法者们面对人类天才的伟大思想，变得手足无措；公众更是什么也不明白。因此，仅仅一个普通的律师就可以证明，斯坦利是凶手，斐迪南·德·雷赛布是骗子。”（作者注）

望是说服人的根本元素。具有威望的人、思想或事，会通过传染的途径马上被模仿，让整整一代人都接受一种感知方式和解释理论的方式。在最经常的情况下，模仿都是无意识的，正因如此，它是最彻底的。现代画家们复制着原始艺术的那种淡淡的被抹去的颜色和人物的僵硬神态，根本想不到自己的灵感来自于谁。他们相信自己的真诚，而其实，假如没有一位杰出的大师让这一艺术形式复活，人们还会只看到那些画中稚拙、落后的一面。还有的画家，追随一位著名的创新者[①]，在他们的画面上布满紫色的阴影。这些画家与五十年前相比，并不见得在大自然中看到更多的紫色，但是，一位具有很大威望的画家的纯个人的、特殊的印象，对他们产生了暗示。在文明的每一个元素中，可以很容易找到类似的例子。

如前所述，不少元素可以成为威望得以产生的原因，而其中最重要的之一，就是成功。一个成功人士，一个被人接受的想法，马上就变得不容置疑。

威望总是随着失败而消失。在前一夜被群体拥护的英雄，一旦不再受命运青睐，就可能在第二天被群体喝倒彩。甚至，威望越高，产生的反作用就越加强烈。人们从此会把坠落下来的人看作是与自己平起平坐的人。对自己不再承认的权威，居然曾经拱手称臣，那就一定要加以报复。砍下了诸多共事者和一大批同时

---

① 指莫奈的印象派画法。（译者注）

代的人的脑袋的罗伯斯庇尔有着巨大的威望。但仅仅因为几张票被投给了他的对手，他就马上失去了威望。群体会送他一直走到断头台。带着同样坚定的步伐，他们在前一夜刚刚这样送他的受害者们走向断头台。信徒们总是带着愤怒，将他们古老神灵的雕像打碎。

因为失败而带走的威望，会突然消亡。通过人们进行的讨论，也可以让威望渐渐失去，但这要缓慢得多。但是，这一方法具有非常肯定的效果。威望一旦能够被讨论，就已经不再是威望。那些长期保持威望的人，从不容忍讨论。要想让群体敬仰，一定要能与他们保持距离。

第四章
群体的信仰和意见的可变范围

1. 固定的信仰 /

一些普遍信仰是不变的 /

它们是一种文明的向导 /

很难根除一种普遍信仰 /

对于人民来说，不宽容成为一种品德 /

一种普遍信仰在哲学上的荒谬性，

并不妨碍它的传播。

2. 群体的可变的信仰 /

一些并不源于普遍信仰的意见，具有极大的流动性 /

在不到一个世纪内，思想和信仰的表面上的变化 /

这些信仰的真正限度 /

跟变化有关的元素 /

当今普遍信仰的消失，以及报刊的大量发行，

导致今天的意见越来越具有流动性 /

群体的意见如何让大部分的主题变得令人无动于衷 /

政府不再像以前一样，可以主导舆论。

当今各种舆论的碎片化使得舆论不再有太大的力量。

一　固定的信仰

在人的解剖特征与他们的心理特征之间，存在着一种密切的可比性。在解剖特征中，我们可以看到一些固定不变的元素，或者说可变性极小，需要地质演变的时间长度，才能让它们有所改变。与这些固定的、不变的元素一起，还有其他许多非常可变的元素。环境、养殖者或者农艺师的技术，有时候就可以大大改变它们，以至于对于一个不特别注意的观察者来说，一些根本性的特征都被隐藏了起来。

对于道德特征来说，也有同样的现象。一方面，一个种族有一些不可改变的心理特征，另一方面，还有许多变化的、可变的元素。因此，在研究一个民族的信仰和意见的时候，我们总是可以看到一个非常固定的基础，在此之上，嫁接着许多意见，是可以变化的，就像覆盖着岩石的沙子。

群体的信仰和意见因此而形成完全不同的两类。一类是大的、恒定的信仰，持续好几个世纪，一种文明完全建立于其上。比如以前的封建概念，基督教思想，宗教改革的思想。今天，则有民族的原则，民主和社会的思想。另一类则是即时的、变化的意见，经常衍生于每个时代都会出现、消失的一些普遍概念：例如一个时期引领文学艺术的理论，那些产生出了浪漫主义、自然主义等等的理论。尽管时尚是非常肤浅的，它们也会像一些小小的涟漪一样变化，在一个深水湖的表面不断地产生、逝去。

宏大、普遍的信仰的数量很少。对于每一个有历史的种族的来说，它们的形成和消失，都构成了历史上最重要的一些节点。它们是文明的真正支柱。

一个临时的意见，很容易就能进入群体的灵魂，但一个长久的信仰很难一下子在那里立足，同样，一旦这样一个信仰已经形成，想摧毁它是非常困难的。要想改变它，就需要有激烈的革命为代价，而且只是在该信仰几乎已经完全失去了对灵魂的控制之后。革命的作用，就是把几乎已经被放弃的信仰完全摈弃，因为风俗的枷锁还阻碍着人们去完全抛弃它。一场革命的开始，其实就是信仰的终结。

当一种宏大的信仰的价值开始被讨论之时，它就已经注定要消亡了。由于一切普遍的信仰都只是虚构出来的，它若想一直存在，就必须能够避开一切的审视。

但是，即便一种信仰在很大程度上已经被动摇，由它而衍生出来的制度依然能保存力量，只会缓慢地消失。当信仰终于完全失去了权力，它之前支撑的一切就都会垮掉。从未有过一个民族，可以改变它的信仰而不必马上改变其文明的众多元素。

民族不断地改变文明的元素，直到它接受一种新的普遍信仰，在此之前则会生活在无政府状态中。普遍的信仰，是文明的必要支撑。只有它们，可以为思想指出一个方向，只有它们，可以启示人们产生宗教信仰，催生出义务和职责。

人民向来都能感受到获得普遍信仰的作用，并本能地理解，普遍信仰的消失，必将引起堕落。对罗马的狂热崇拜形成了一种信仰，使得罗马人成为世界的主人。这一信仰消失之日，罗马就不得不亡。只有当获取了一些共同信仰的时候，那些摧毁了罗马文明的野蛮人，才达到了某种一致，走出无政府状态。

因此，各个民族一直都带着毫不宽容的心态捍卫它们的信念，这显然是事出有因。从哲学的角度来说，这是非常值得批判的，但在每个民族的生活中，这是一种美德。正是为了奠定或者维持一些普遍的信仰，中世纪才架起了那么多的火刑柱。那么多的发明家、创新者，即便能够逃过酷刑，也最终会在绝望中死去。正是为了捍卫那些普遍的信仰，世界才那么多次被推翻，数百万的人在战场上倒下，将来还会倒下。

我们已经提到，一个普遍信仰要想站住脚跟，需要排除无数巨大的困难，但是，一旦被彻底接受，它的力量将会在很长时间内不可战胜。无论它在哲学上是多么的谬误，即便是最智慧的人士，也会被迫接受它。欧洲的各个民族，十五个世纪以来，将一些传奇，比如魔洛克[①]的故事，看作是不容置辩的真事，而仔细

① 魔洛克（Moloch），《圣经》中迦南地区的神。人们为了向他祭祀，将儿童投入火中。（译者注）

考察一下，这类传奇是极其野蛮的[①]。上帝为了报仇，竟然让他的儿子遭受那么可怕的酷刑，只因为他所创造的一个子民不服从他。这样一个传奇有着可怕的荒诞性，但在多少个世纪内都并没有被人看出。最伟大的天才，伽利略、牛顿、莱布尼茨，哪怕在一个瞬间，都没有去假设这样的传奇的真理性是可以被质疑、讨论的。没有什么可以更好地证明普遍的信仰所产生出的催眠作用，同时，也没有例子可以更好地说明，我们的心智有着我们应以为耻的局限性。

一旦一个新的教条被植入群体的灵魂之中，它就成为其制度、艺术和行为的启发者。它对灵魂的控制将会是绝对的。行动的人想着要去实现它，法律人士要去实施它，哲学家、艺术家和文学家们则以多种方式来表达它。

一些辅助的、临时的思想，可以从根本性的信仰中产生出来，但总会带有它的烙印。埃及文明、中世纪文明，以及阿拉伯的穆斯林文明，它们都起源于少数宗教信仰，这些信仰在这些文明的所有细小元素上都印上了它们的痕迹，让人可以马上认出来。

借助于普遍的信仰，每个时代的人都总是处于错综复杂的传统、意见和习俗之中，他们无法突破这一枷锁，使得自己总是与

① 我的意思是，从哲学上看，是野蛮的。从实际的角度看，它们创立了一种全新的文明，并在很长的时期内，让人远远看到了梦想和希望的尚未祛魅的天堂，这是人将永远都无法再看到的天堂。（作者注）

别人相似。即便是最独立的精神，也没有想过要从中脱离出来。真正的暴政，就是潜意识地控制着人的灵魂的暴政，因为这是唯一一种无法被打败的暴政。提比略、成吉思汗、拿破仑无疑都是一些可怕的暴君，但是，从他们的坟墓深处，摩西、佛陀、耶稣、穆罕默德、路德，都在人的灵魂中施行了一种更为深刻的独裁。一场谋反可能推翻一个暴政，但是，对于一种植根于民众的信仰，又能起到什么作用？我们的大革命激烈地反对天主教，尽管表面上有大批群众的支持，尽管用上了毫不怜悯的、堪与宗教裁判所相比的残酷手段，最终，大革命还是失败了。人类真正的暴君，永远都是死者的幽灵，或者是人类自己产生的幻觉。

我要重复的是，一些普遍信仰的哲学意义上的荒谬，从来都没有成为它们获胜的障碍。甚至，这一成功的条件之一，就是它们必须带有一些神秘的荒谬性。当今的社会主义信仰有着明显的缺陷，但这并不妨碍它们植根于群体的灵魂。它们相对于所有宗教信仰的真正短处在于：宗教所许诺的幸福理想，只有在下辈子才能实现，所以没有任何人可以质疑。而社会主义的幸福理想，必须在地球上得到实现。只要第一次的实现尝试遭遇失败，这些许诺的虚假性就会显现，这一新的信仰很快就会失去所有的威望。所以，要等到它的实现之日，它的威望才会增强。正是出于这一原因，这一新宗教虽然如所有在它之前的宗教一样，先起到了一种破坏作用，但是，它在之后很难起到创造的作用。

二　群体的可变性意见

我们在前面展示了那些固定的信仰。在它们之上，还有些意见、思想和想法，它们总是在不断地产生、消亡。其中有一些持续的时间非常短。即便是它们中最重要的，也不会持续超过一代人的时间。我们已经看到，这些意见的改变有时候是非常肤浅的，并非真正有改变，而且总是带有种族的品质的烙印。比方说，我们看一下我们国家的政治制度，就会发现，那些看上去最为敌对的政党：君主立宪、激进党、皇权党、社会党，等等，都有着一个绝对相同的理想，这一理想源自我们这一种族的心理结构，因为，就在一些相同的名字之下，我们可以在其他民族找到一种完全对立的理想。给那些意见取新的名字，进行骗人的改编，都不改变事物的本质。大革命时期的布尔乔亚，都深受拉丁文学的影响，他们追随的是罗马共和国，采用了它的法律、权标和法袍，但并没有因此而成为罗马人，因为他们受到了一种强大的历史暗示的控制。

哲学家的职责，是在表面的改变之下，去寻找那些古代信仰所遗留下来的东西，并在多变的意见中，找到那些被普遍信仰和种族的灵魂所决定的潮流。

如果没有这一标准，人们会觉得，群体经常有意识地改变政治或宗教信仰。确实，整个历史，无论是政治的、宗教的、艺术的，还是文学的，好像都在证明这一点。

我们把一个短期的阶段，1790—1820 年作为例子，也就是三十年，仅仅一代人的时间。我们可以看到，群体首先是君主立宪的，然后变成了革命的，后来又是拥护皇帝的，最后又变成君主立宪的。在宗教上，首先是天主教，后来变成了无神论，又变成有神论，后来，又回到了最为极端的天主教。而且，经历这种变化的，并非只是群体，而是也包括了群体的领导者。我们看到，那些伟大的国民公会议员，国王坚定的敌人，既不信上帝，也不要主人，却变成了拿破仑的谦卑仆人，然后，又在路易十八的行进队伍中，虔诚地手持大蜡烛。

在接下来的七十年中，群体的意见又出现了多少改变！ 19 世纪初“背信弃义的英国”到了拿破仑的继承人那里，成了法国的同盟；两次与我们作战的俄罗斯，在我们最近几次吃败仗的时候总是鼓掌称庆，结果突然被视为朋友。

在文学、艺术、哲学上，意见的更替变化就更快了。浪漫主义、自然主义、神秘主义，等等，一个个出现又消亡。昨日被拥护的作家和艺术家，明天就被深深地蔑视。

但是，假如我们去分析这些看上去如此深刻的改变，我们又看到了什么呢？一切与普遍信仰和种族的情感相违背的，都只持续了很短的时间，被改了航道的河流很快就继续自己的流动路线。那些与任何普遍信仰、任何种族的情感都没有关联的意见，也就是不会有固定性的意见，经不起任何偶然，或者说，经不起任何环境的改变。它们是在暗示和传染的作用下形成的，永远都是暂时的，有时候就像海边被风形成的沙丘一样，很快地出现又消失。

今天，群体的可变性意见的总数，比任何时候都要大。这里主要有三个不同的原因。

首先，古老的信仰已经渐渐失去了它们的统治，已经不再像以前一样，对一些临时的意见施加影响，为它们提供一定的方向。普遍信仰的隐去，就为一大堆没有过去也没有将来的特殊性的意见留出了位置。

第二个原因是，群体的力量不断壮大，越来越找不到可以与他们抗衡的东西，他们在思想、意见上的可变性可以进一步自由地表现出来。

最后，第三个原因是报业近来的发展。在人的眼皮底下展示出越来越多的相对立的舆论和意见。它们中的任何一个所带来的暗示，很快就被另一个相对立的暗示所摧毁。所以，没有一种意见可以得到普及，所有意见都只能有短暂的存在时间。它们在能够得到足够传播，成为普遍信仰之前，就寿终正寝了。

从这些不同的原因，产生出了一个世界历史上全新的现象。这是当今时代的特征之一，我想说的就是政府对于引导舆论已经无能为力。

以前——而且这个以前可以说是近在眼前——政府的行为，

一些作家的影响，以及一小部分报刊的影响，构成了舆论真正的调节者。今天，作家们已经失去了任何影响，报刊只能去反映舆论。至于政治家们，他们早已不再引导舆论，而是追随舆论。他们对舆论的害怕，有时甚至已经到了一种恐惧的地步，使他们的行为没有了任何固定性。

因此，群体的舆论越来越成为政治的最高调节者。它甚至可能让人去跟其他国家结盟，比如与俄罗斯结盟，这完全是一个民众运动的产物。

当今很奇怪的一个现象就是，教皇、国王和皇帝们，在涉及一个具体的题材的时候，都必须通过媒体采访的渠道，来展现他们的思想，以接受群体的评判。以前，人们说，政治是跟感情无关的事情。今天，我们看到，政治的向导是不知理性为何物的流动群体的冲动，政治完全被情感所驱动。我们还能说政治是跟感情无关的事情吗？

至于报业，以前是舆论的引导者，现在，跟政府一样，它不得不在群体的力量之前屈尊。当然，它的力量还是巨大的，但这仅仅是因为它反映民众的舆论，以及它们不断变化的变体。报业变成了简单的信息提供者，放弃了让人接受任何观念，任何理论。它追随所有公共思想的变化。竞争的必要性，使得它不得不这样做，否则就会失去读者。以前那些庄严的、有影响力的喉舌，曾被上一代人虔诚地聆听，但它们今天都消失了，或者沦为信息小报，加上一点有趣的年鉴、上流社会的康康舞和金融方面的广告。今天，有哪一家报纸足够富裕，可以让它的编撰者有自己的意见？这些意见又能具有什么样的威信，既然读者要求的，只是被告知信息，或者被娱乐？而且，如果你向读者推荐什么，他就会怀疑你其实是在投机。评论界甚至已经没有能力推出一本书，或者一部剧，让它们获得成功。评论无法起帮助作用，反而产生有害的效果。报刊已经清醒地意识到，任何个人意见都是无用的，所以基本上就已经去掉了文学批评栏目，仅仅留下书名，加上两三行的广告。二十年以后，估计戏剧评论也会有同样遭遇。

猜测舆论的走向，今天已经成了报业和政府的主要关注点。需要知道的是，一个事件可以产生什么样的效果，会导致什么样的立法法案，产生什么样的话语。这并不容易，因为没有比群体的思想更为流动，更变化多端的了。经常看到昨天还大受欢迎的东西，今天就成了需要摒弃的对象。这种舆论方向的完全缺失，以及与此同时普遍信仰的消融，最终的结果就是一切信念的彻底粉碎，以及群体和个体与日俱增的无动于衷，只要那些事不与他们的利益直接相关。一些理论的问题，比方说社会主义，只有在一些没有知识的阶层里，才能找到它们真正能被说服的捍卫者：比方说煤矿或者工厂里的工人。小资产阶级，略微受过教育的工人，都已经变得过于持怀疑的态度。

三十年来发生如此的演变是令人惊讶的。就在并不遥远的前一个时代，舆论还拥有一种整体的方向；它们主要来自对一些根本信仰的接纳。只要是赞同君主立宪的人，就一定会有一些落后的思想，无论是在历史方面，还是在科学方面；而只要是共和党人，就一定会持一些相反的想法。一个赞同君主立宪的人，一定不相信人来自于猿，一个共和党人则一定相信人来自于猿。双方都觉得自己有道理。赞同君主立宪的人，说起革命就深恶痛绝，一个共和党人谈到革命，则充满了敬仰。一些名字被说起的时候，比如罗伯斯庇尔、马拉，必须带着虔诚的神态。其他一些名字，如恺撒、奥古斯都、拿破仑，被提到时则必须带着一丝愤慨。甚至在我们的索邦大学，都盛行这样一种天真的历史观。

如今，面对讨论，面对分析，一切的意见都失去了威望。它们的棱角很快就被磨掉，能让我们充满激情的观念很少能够幸存下来。现代人越来越被冷漠麻木所侵蚀。

我们无须过于哀叹舆论的这种整体消融。这是一个民族的生命中的衰败迹象，这一点无须去质疑。通灵人、使徒、领袖，简言之，那些信徒们，跟那些持否定意见者、评论家和无动于衷的人相比，自然具有另外一种力量，但是，不要忘记，现在有了群体的力量。假如有一种舆论可以拥有足够的威望而让所有人接受，那么，它很快就会具有一种独裁的力量，一切都只能在它面前折腰。那样的话，自由讨论的时代，将在很长时间内消失。有时候，群体可以代表平和的主人，比如赫利奥加巴奥斯[①]、提比略[②]，但是，群体也可以有疯狂的任性。一个掉入他们手中的文明，将会面对太多的偶然，不会持续多久。假如有某种东西可以推迟崩溃时刻的到来，那一定是舆论巨大的可变性，以及群体面对一切普遍信仰时抱有的越来越严重的冷漠麻木的心态。

---

① 赫利奥加巴奥斯（HÉLIOGABALE，203—222），罗马皇帝（218—222年在位），14岁即位，19岁被杀。执政时常常依赖自己的祖母和母亲。（译者注）

② 提比略（TIBÈRE，前42—37），罗马第二任皇帝（14—37年在位）。塔西佗对他颇有非议，但从19世纪起，历史学家对他的评价有所改变，认为他是一位有手腕、谨慎平和的皇帝。（译者注）

第三篇

群体的归类和描述

第一章
群体的归类

群体的整体区分 /

群体的归类。

1. 异质的群体 /

异质群体间的差别 /

种族的影响 /

种族的灵魂越强，群体的灵魂就越弱 /

种族的灵魂代表文明的状态，

群体的灵魂代表野蛮的状态。

2. 同质的群体 /

同质群体的区分 /

宗派，等级集团和阶级。

我们已经在本书中说明了群体的共同特征。我们现在还需要去研究一下不同的群体种类中与这些普遍的特点重叠在一起的特殊特征。

首先简述一下群体的分类。

我们的起点是最简单的聚集人群。它的最低级形式表现为它由属于不同种族的个体所组成。**他们的唯一共同点，就是大家都或多或少地尊重一位首领的意志。**这一类群体中的典型，就是那些源自不同地方，在长达好几个世纪的时间里入侵了罗马帝国的野蛮人。

在这些没有一致性的人群之上，出现的是那些在某种因素的推动下，获得了一些共同特征，最后形成了一个种族的人群。他们一有机会就会呈现出群体的特殊特征，但总是被种族的根本特征遏制住。在每一个民族的内部可以观察到的群体的不同分类有以下几种：

一，异质的群体，包括匿名之众（比方说，大街上的人群）；非匿名之众（评审团、议会，等等）。

二，同质的群体，包括宗派（政治、宗教派别），等级集团（军事、教会、劳工群体），阶级（资产阶级、农民阶级，等等）。

下面简单地讲一下这些不同类型的群体的各自特征[①]。

---

① 在我最近的一些著作中，可以看到有关群体不同种类的细节（《政治心理学》《舆论和信仰》《革命心理学》）。（作者注）

一　异质的群体

这些集体的特征，我们已经在前面的章节里进行了研究。他们由随便的个体任意组成，无论他们的职业是什么，智力有多高。

我们已经在本书中证明，成为群体的人的心理，与他们作为个体的心理有本质性的不同，而且智力无法改变这一差别。我们已经看到，到了群体中，智力不起任何作用。只有一些无意识的情感可以起作用。

一个根本性的因素，种族，可以足够清晰地区别不同的异质群体。

我们在此之前，已经多次提到种族的作用，并且已经证明，它是能够决定人的行动的最强大的因素。它的影响也表现在群体的特征中。一个由随便什么人组成的群体，如果是清一色的英国人或者中国人，就会深深不同于另外一个由不同的种族如俄罗斯人、法国人、西班牙人等组成的群体。

遗传的心理结构会造成人们感知方式和思想方式方面的深刻不同。一旦一些情况——这样的情况并不多——将一些比例差不多的不同国籍的个体聚集在同一个群体中，那么，这种不同马上就会爆发出来，无论表面上将他们联合起来的利益有多么的共同。社会主义者试图在一些大的会议中，聚集起每个国家的工人阶层的代表，却总是导致最大的分歧，最后各自愤然离席。一个拉丁民族的群体，无论人们说它有多么的革命，或者多么的保守，都会在自己的诉求中，借助于国家的介入。它总是中央集权的，或多或少带有凯撒的意味。相反，一个英国人或者美国人的群体，就不知国家为何物，只强调个人的能动性。一个法国群体主要强调平等，一个英国群体则强调自由。这些种族的不同，几乎会导致一点：有多少民族，就有多少群体。

因此，种族的灵魂完全主导群体的灵魂。它是一种强大的基质，可以防止过大的变化。种族的灵魂越强大，群体的特征就越不明显。这是一个根本性的法则。群体状态，以及群体占主导的状态,构成了野蛮,或者向野蛮的回归。种族通过获得强健的灵魂，就可以越来越摆脱群体那种毫不思考的力量，从而走出野蛮。

在种族之外，对于异质的群体需要做的唯一重要的分类，就是要将他们分成匿名的群体，比方说街上的人群，以及非匿名的群体，比方说可以做出决定的议会成员，或者评审团成员。责任感是前者根本没有的，在后者那里却很强，这就给他们的行为带来一些很不同的方向。

二　同质的群体

同质的群体包括：一、派别，二、等级集团，三、阶级。

在同质的群体的组织中，派别是第一阶段。它包括一些在教育、职业和环境上都差别很大的个体。他们唯一的纽带是信仰。比方说，宗教派别或者政治派别，就是这样。

等级集团代表了群体所能做到的组织的最高阶段。派别是由教育、职业和环境常常大相径庭的人组成，只被同一种信仰联系在一起，等级集团只包括同一职业的人群，因此，教育和环境也大致相同。军事团体和僧侣团体，就是这样。

阶级由出身不同的个体构成。不是像派别一样通过信仰共同体而联系在一起，也不像等级集团一样，由职业共同体联系在一起，而是通过一些利益，一些生活习惯和相似的教育而联系在一起。比方说，资产阶级、农民阶级，等等。

由于我在本书中只探讨异质的群体，接下来，我只把异质群体中的几个种类作为典型来进行研究。

第二章
所谓的犯罪群体

所谓的犯罪群体 /

群体可以从法律上说是犯罪的，

但从心理学上说无罪 /

群体行为的完全的无意识 /

不同的例子 /

九月大屠杀的参与者的心理 /

他们的推理逻辑，感性，残忍和道德品行。

群体在经历了一定时期的刺激之后，沦为被心理暗示所操纵的无意识的简单木偶，因此，在任何情况下，都很难将他们说成是犯罪群体。但我还是保留这一错误的叫法，因为它是在心理学研究中已经得到认可的。群体的一些行为，孤立去看，肯定具有犯罪的特征，但是，其犯罪程度就应当视为如一只老虎吃掉一个印度人，之前还让幼虎们把他撕个粉碎，以图一乐。

群体的罪行一般源于强大的暗示，之后，所有参与的人都会相信自己是在完成一种职责。普通的犯罪行为则完全不是这样的。

群体的犯罪史很清晰地证明了上面所说的。

我们可以把巴士底狱的监狱长德洛奈先生之死视为最典型的例子。巴士底狱沦陷之后，监狱长被许多人围住拳打脚踢。人们提出要吊死他，砍了他的头，或者把他绑到一匹马的尾巴上。在挣扎的时候，他不小心一脚踢着了旁边的一个人。于是有人提议，让被踢的人割了总管的脖子。这一提议马上被人群欢呼接受。

“那人是一个厨师，还不是什么高级厨师。一半出于无聊，去了巴士底狱，看看发生了什么。他认为，既然这是大家的意见，一定是个爱国行为，甚至觉得自己可以得到一个勋章，因为他处决的是一个魔鬼。人们借给他一把大刀，他向露出的头颈砍去。可是，刀太钝了，砍不死，于是他从口袋里取出一把黑手柄的小刀（作为厨师，他知道怎么切肉），顺利地完成了工作。”

我们可以清楚地看到前面所说的机制。暗示尤其强大，因为它来自集体，必须服从。杀人者坚信自己做了一件值得去做的事情，这是一种很自然的信念，因为他的同胞一致赞同他。这样一个行为在法律上可以定义为罪行，但在心理学上却不可以。

所谓的犯罪群体的普遍特征与我们在所有群体中看到的特征是一样的:容易被暗示，轻信，多变，无论是好的还是不好的情感，都被夸大，体现出某种道德品行，等等。

在一个给我们的历史留下了最阴暗回忆的群体，即九月大屠杀的参与者身上，我们可以看到所有这些特征。这些人还跟圣巴特罗缪之屠的参与者有许多相似之处。我在此借用丹纳的叙述，他是从当时人们的回忆中记录下这些细节的。

谁也不知道，是谁下了命令提出要把犯人都杀了，这样就可以腾出监狱来。也许是丹东，完全有可能，或者是其他人，这并不重要。对我们来说，最重要的是那些去进行屠杀的人所受到的强大暗示。

屠杀者大概有三百多人，构成了一个典型的异质群体。除了极小部分的人是职业军人以外，他们主要是由不同行业的店铺老板和手工艺者组成的：皮匠、锁匠、制帽匠、泥水匠、职员、代理商等等。在受到的暗示的影响下，他们跟前面所说的厨师一样，坚信自己在完成一项爱国的行为。他们完成了双重的功能，既是法官，又是刽子手，无论如何也不认为自己是罪犯。

他们坚信自己的作用是如何的重要。他们先成立了某个类似法庭的机构，马上就显示出群体的简单思维，以及简单的公正意识。由于被指控的人很多，他们首先决定，贵族、教士、军官、国王的侍从，也就是所有其从事的职业在爱国者眼里本身就是一种罪行的人，无须任何特别的判决，要集体处决。其他人，就凭感觉看外貌、样子，以及声誉。这样一来，群体的基本意识得到了满足，接下来就可以合法地屠杀，肆意地放纵自己的凶残本能。我已经在其他地方分析了这种本能的起源，而集体性可以将这一本能发展到一个很高的高度。而且，这并不妨碍一些其他相反的情感得到宣泄——这是所有群体的规律——而且是一些与凶残同样极端的情感。

“他们身上有巴黎工匠那种易于感染的同情心，以及细腻和敏感。在修道院监狱，一名联盟卫兵听说被关押的犯人已经26个小时没有水喝了，坚决要把做事疏忽的看守杀掉，而且若不是犯人们求情，他一定这么做了。当一个犯人被（他们临时组建的法庭）宣布无罪的时候，无论是看守还是杀人者，所有人都会热情地拥抱他，拼命为他鼓掌。”

然后，他们就回去杀其他人。在杀人的时候，大家感到的是一种欢快的气氛。他们围着尸体唱歌跳舞，专门放一些长凳，给一些幸运的“贵妇”，让她们可以目睹如何杀死贵族。他们还继续显示出一种特殊的公正感：一个负责杀人的人在修道院监狱里抱怨说，坐得太远的贵妇们看不清楚，而且只有一部分人才有亲手杀死贵族犯人的机会。他们就跑到法庭，把这一意见告诉法官。于是他们决定，把杀人者排成两行，让犯人们慢慢从他们中间走过，每个人只能用刀背去砍，以延长行刑的时间。在拉福斯监狱，犯人被全部脱光，在半个小时的时间内，被慢慢折磨。等所有人都看够了之后，再开膛剖腹，杀死他们。

杀人者还都很自律，显示出我们提到过的群体所拥有的道德品行，他们会把犯人的钱和首饰上交到委员会的桌子上。

在他们的所有行为中，我们都可以看到非常低级的逻辑推理。这也是群体灵魂的特点。因此，在杀死了一千两百到一千五百个"国家公敌"之后，有人提出，在其他监狱里，还有一些年老的乞丐、流浪汉、年轻的犯人，都是一些无用的人，却还要吃喝，索性一并解决了他们。他的暗示马上就被人接受。而且，在他们当中，一定藏有国家公敌，比方说，一个叫德拉卢伊的女人，是一名下毒犯被处死后留下的遗孀："她一定对自己被关押十分愤怒。只要有机会，她一定会在巴黎纵火。这话她一定说过。她就是说了。除掉她。"这一逻辑推理显得非常简单明了，于是，所有人都被杀死了，包括五十多个 12 到 17 岁的孩子，因为，将来他们也可能成为国家公敌，所以，必须清除掉。

一个星期之后，所有行动都结束了，杀人者可以去休息了。他们坚信自己为国家做出了贡献，跑到当局那里要奖赏；其中最坚定的人还要求得到勋章。

1871 年的巴黎公社的历史为我们提供了类似的事实。群体具有越来越大的影响力，而权力机构在他们面前节节败退，这使得我们可以确信，将来还会有很多这样的例子。

第三章
刑事法庭的陪审员

刑事法庭的陪审员 /

陪审员的普遍特征 /

统计学证明，他们作出的决定，与人员的构成无关 /

陪审员们是如何被影响的 /

逻辑推理几乎不产生影响 /

著名律师的说服手段 /

那些被陪审员们宽容或严惩的罪行的本质 /

陪审制的作用，以及假如这一体制被法官取代

会导致的极大危险。

我在这里无法探讨所有类型的评审员，仅限于研究其中最重要的，就是刑事法庭的陪审员。他们构成了非匿名的异质群体的最佳例子。我们可以看到易受暗示的特性和无意识情感的主导地位，逻辑推理的低能，领袖的影响，等等。研究他们，我们可以得到那些不懂集体心理学的人会犯的错误的有趣案例。

陪审员们首先证明了一点：从做决定的角度来看，构成一个群体的不同人员的智力水平的重要性非常小。当一个能作决定的团体，在面对一个不完全是技术性的问题需要提供自己的意见时，智力起不到任何作用。一群艺术家和学者在一起，有关一些普遍主题，比一群泥瓦匠在一起做出的判断，没有多大的区别。在不同的时代，管理者总是为一个陪审团精心挑选成员，往往在一些智力高的阶层中挑选：教师、公务员、文人等等。今天，评审团主要由小商贩、小老板和雇员们组成。然而，让专家们大为吃惊的是，无论评审团由什么样的人组成，最后的统计显示，他们作出的决定是一样的。法官们虽然坚决反对这种陪审制，也不得不接受这样一种说法。贝拉尔·代格拉热，一位刑事法庭的前庭长，在他的《回忆录》中如此写道：

“今天，挑选陪审员的权力，其实是在市议员的手中。他们根据与自己的处境相关的选举目的和政治目的，任意接受或者开除陪审人员。……大多数的陪审人员由商人组成，选择标准远不如以前，还有一些机关的雇员……由于在判决的角色中，所有的意见都和自己的职业相关，很多人又都是新手，而且往往在处境最卑微的人群中，才有最善良的人，因此，陪审团的精神一直没有改变：他们做出的判决是一模一样的。”

我们需要从这一段话中记住其结论。这一结论是非常正确的。但其中对原因的解释却是不对的。我们不必对这样的错误解释感到惊讶，因为群体的心理，也就是陪审团的心理，无论是律师还是法官，对其均不了解。我的证据来自同一位法官讲述的一个事实。刑事法庭最杰出的律师之一，拉修先生，面对陪审团中那些聪明的人，总是运用他的拒绝权。然而，经验——惟有经验——告诉他，这样的拒绝是毫无用处的。今天，检察院以及律师们，至少在巴黎，已经完全放弃了此类拒绝权。正如代格拉热先生所说，最后的判决根本没有变化，“既不更好，也不更坏”。

跟所有的群体一样，陪审团成员们都注重于情感，而对逻辑推理无动于衷。一位律师写道：“他们看到一位哺乳的女子，或者看到一群孤儿，就受不了。”代格拉热先生则写道：“只要一名女子显得讨人喜爱，就可以得到陪审团的仁慈善心。”

面对一些可能触及他们利益的罪行——这些罪行往往也是对社会来说最可怕的——他们往往铁面无私，但是，面对人们所说的激情犯罪，他们往往非常宽容。他们对幼母的杀婴行为往往不严厉，对于被遗弃的女子向诱惑者泼硫酸的报复行为，更是宽容之至。他们的本能告诉他们，类似的罪行对于一个社会来说，并不危险，在一个法律并不保护被遗弃的女孩子的国家里，其中一个女子的报复，不但无害，反而有益，可以对未来的诱惑者起到警示作用[①]。

陪审团的成员们，与所有的群体一样，都愿意屈从于威望。代格拉热庭长说得非常清楚，陪审团尽管在构成上，是非常民主的，但在情感上，却都非常贵族化："姓氏、出身、财富、声望，一名杰出律师的介入，与众不同的细节，带有亮点的事情，都可以成为对被告有利的元素。"

一个好律师所做的，就是要对陪审团成员的情感施加影响，与面对所有的群体时一样，少用逻辑推理，或者只使用最基本的逻辑推理手段。一位在刑事法庭总是成功胜诉的著名英国律师很好地分析了这一方法：

---

① 我们必须指出，这种由陪审团成员本能做出的对社会有害和对社会相对无害的罪行的区分，并不缺乏正确性。犯罪方面的法律，当然是要去保护社会，而不是替社会报仇。然而，在我们的法典中，尤其是在我们的法官的脑子里，依然弥漫着古老的原始法律的复仇精神。每天，人们还都在使用复仇行为这个词（源于复仇一词）。许多法官都拒绝去实施贝朗热法令，也就是只在被告再次犯罪的情况下，才去惩罚他。这一点证明了法官的倾向。其实，任何一个法官都无法否认，因为这是被统计学所证明了的，对初犯的惩治，几乎不可避免地会导致再犯。法官们如果放掉了一名罪犯，就会觉得社会没有得到报复。他们宁愿去制造一个危险的再犯者，也不愿意不去替社会报仇。（作者注）

“他一边辩护，一边仔细观察陪审团。这是他最擅长的时刻。凭他的感觉和习惯，他可以在他们的脸上，看到自己每一句话，每一个词的效果，然后得出自己的结论。首先要能区分出，哪些是肯定可以站在自己一边的人。辩护人从一开始，用几句话，就把他们抓在了手里。然后，他开始对付那些看上去会反对的人，他会努力去猜测，他们为什么对被告反感。这是工作中最微妙的部分，因为在想要判决一个人的愿望中，会有无穷的理由，它们与正义感并没有关系。”

上面这几行字，很好地概述了演讲艺术的目的，也向我们证明，一些事先准备好的讲话是没有用处的，因为需要根据当时产生的印象，不断地改变所用的措辞。

演说家无须改变所有陪审团成员的意见，仅需争取那些能够决定普遍意见的领头人。就像在所有群体中一样，少数个体引领其他人。我在上面提到的律师说：“我的经验告诉我，在判决的时候，只需要一两个有影响力的人，就可以带动整个陪审团。”需要做的，就是要用最微妙的暗示，去说服这两三个人。首先，需要取悦他们。能够取悦一个群体中的人，他就几乎已经被你说服了，已经准备好把取悦了他的人提出的任何理由都看作是很好的理由。我在有关拉修律师的文字中，看到了以下的轶事：

“我们知道，在刑事法庭上陈述自己的辩护词的时候，拉修的眼睛一直不离开两到三个他认为有影响力的、但很难对付的陪审团成员。一般来说，他会把这些反对的人尽量争取过来。然而，有一次在外省，有那么一个人，他花了四十五分钟，用他最坚定的论证，也无法说服。那人坐在第二排的第一个，是第七号陪审员。太让人绝望了！突然，就在滔滔不绝的辩护过程中，拉修停了下来，对刑事法庭的庭长说：庭长先生，您能不能让人拉一下窗帘，就在那边，对面，第七号陪审员被太阳晒得睁不开眼了！第七号陪审员脸红了，微笑了一下，说了声谢谢。最后，此人站到了辩护人的一边。”

有许多作家，而且是些最有名的作家，最近都在呼吁，要取消陪审团制度。然而，这是唯一的一个可以避免让一个不受控制的等级集团经常出错的制度[①]。有人希望，陪审团的成员只由一些

① 事实上，法官是唯一一个其行为不受控制的行政机构。法国的所有革命，都没有能够让法国人拥有英国人所自豪的人身保护法（habeas corpus）的权利。我们赶走了暴君；但是，在每一个城市，一名法官就可以任意决定公民的荣誉和自由。一个小小的预审法官，刚刚走出法律学校，就有令人难以接受的、可以把最受人尊敬的公民送进监狱的权力，只要他简单地提出，那人是有罪的，而且还不需要向任何人证明。他可以以预审为名，将他关押六个月，甚至一年，然后放了他们，既不需要进行赔偿，也不需要道歉。预审关押证与正式的刑拘文书完全具有相等的效力，而其区别就是，正式的刑拘文书，正如人们很正确地指责的，在君主立宪时代，只有级别很高的高官，才能签署，而今天，预审关押证在一大群公民的手中，而他们远非最聪明、最独立的一批公民。（作者注）

明智的人来担任。但我们已经证明，即便是在这样的情况下，做出的决定也会与现在的决定一模一样。还有的人，根据陪审团犯的错误，希望能够取消陪审团，由法官来代替。但是，他们怎么能够忘记这一点：人们指责的陪审团的错误，总是首先由法官们犯下，因为被送到陪审团前的被告，已经被许多法官认为是有罪的了：预审法官，共和国检察官，上诉法院的控告庭。难道人们看不到，如果他们依然是被法官来判决，而非由陪审团来判决，被告将失去他唯一被认为是无罪的机会。陪审团的错误，往往首先是法官的错误。真正需要指责的，是法官，尤其当我们看到那些令人发指的法律判决错误时。比方说对 X 医生的判决，假如没有民众爆发出的愤怒，让他很快就被国家元首赦免，他就会被送去做苦役，原因居然是一个半痴呆的女孩子指控医生让她花费 30 法郎进行了流产手术，而一个头脑狭隘的预审法官又对他穷追不舍。医生的所有同事都表示他是一个非常正直的人，让判决显得是个明显的错误，甚至法官们也这样承认；然而，出于狭隘的行业保护心理，他们尽力阻挠赦令的签署。在所有类似的事件中，陪审团的成员们被他们根本无法理解的技术细节所纠缠，最后当然是听检察院的，心想既然在此之前，已经有那么多的法官，知道了所有的犯罪细节。那么，真正的错误是谁犯的呢？陪审团，还是法官？让我们好好地保留陪审团吧，也许，这是唯一一个不能被个体替代的群体类型。只有它才可以缓解法律的无情，因为，法律的原则是法律面前人人平等，所以法律必然是盲目的，看不到特殊的案例。法官是无情的，只相信白纸黑字，带着其职业的冷峻，会以同样的判决，去对待一个杀人的入室盗窃者，和一个因为被人抛弃和悲惨的生活而不得不杀死她自己的婴儿的女子。而陪审团的人，就会本能地认识到，被诱惑的女子，远远比诱惑她的男子无罪，而那男子，却反而可以逃避法律的制裁。那女子是需要宽容的。

当我们了解了等级集团的心理，以及其他群体类型的心理之后，我看不到有任何情况，在被错误地控告有罪之后，我会选择求助法官，而不求助于陪审团。在陪审团那里，我有更多的机会被认为是无辜的，而在法官那里，这样的机会很小。我们应当害怕群体的威力，但是，更应当提防有些等级集团的群体威力。有的群体是可以被说服的，而有的则从不让步。

第四章
选民群体

选民群体的普遍特征／
如何说服选民／
候选人必须具备的品质／
威望的必要性／
为什么工人、农民很少选他们的同类／
词语和口号对于选民的重要影响／
选举讨论的概貌／
选民的意见是如何形成的／
委员会的强大／
它们代表了暴政最可怕的形式／
大革命时期的委员会／

尽管全民选举没有多大的心理学价值，
但不可以被替换 /
为什么，即便我们将选举权缩减为一小部分
公民的特权，最终的选举结果，还会是一样的 /
在所有国家，全民选举说明了什么。

选民群体，也就是可以选举出一些职能的合法执行者的群体，属于异质的群体。但是，由于他们只是在一个特定的点上产生作用（在不同的候选人中选出最终人选来），所以，在他们身上，我们只能看到部分我们之前描述的特征。他们最明显表现出的特征，就是没有逻辑推理能力，没有批判精神，易怒，轻信，简单化。在他们的决定中，也可以看到领袖的影响，以及前述因素的作用：断言、重复、威望和传染。

我们现在来探寻一下，他们是如何被诱惑的。从那些最成功的手段中，我们可以清楚地推演出他们的心理。

候选人需要具备的首要品质是威望。假如没有个人威望，那就只能由财富的威望来取代。才华，甚至天才，都不是成功的元素。

最主要的是候选人必须具备威望，从而可以让人不经讨论地接受。主要由工人和农民组成的选民，之所以很少会去选出他们自己阶层的人去代表他们，就是因为从他们当中出来的人，在他们眼中没有任何威望。他们只会出于一些辅助性的理由，才会去选举一个自己人，比方说为了阻挡一个杰出的人或一个厉害的老板当选。由于每一个选民每天都生活在对他的依赖之中，所以，选民会出现幻觉，觉得自己有那么一刻成了他的主人。

但是，拥有威望并不一定能够保证候选人成功。**选民需要看到他的贪婪和虚荣得到满足；候选人必须对他进行最不可思议的献媚，毫不犹豫地对他做一些根本不可能实现的许诺。**面对工人，就要大骂、诋毁他们的老板。至于候选人对手，就一定要踩扁他，通过断言、重复和传染，咬定他就是一个最大的混蛋，而且谁都知道，他已经犯下了许多罪行。当然，无需寻找任何像样的证据。假如对手不了解群体的心理，他就会通过证据来证明自己无罪，而不是简单地通过同样的一口咬定的诬陷，来回应此类诬陷。他只要这样一做，就没有了任何成功的机会。

候选人白纸黑字写下的未来规划不能说得太死，因为他的对手可以在后来以此来反对他。但他口头上的规划，无论怎么夸张也不为过。也可以毫无顾忌地许诺最大的改革。在当时，此类夸张的许诺会产生很大的效应，而且，在将来，也不会造成什么后果。事实上，选民后来并不会去查，被选上的人是否真的遵从了他当时宣布的东西，而选举是否成功，就是建立在这些东西之上的。

这里，我们可以看到所有我们在此前描述过的说服人的因素。接下来，我们在词语和口号的威力中，还可以看到。之前，我们已经证明了词语和口号的控制能力。擅长运用它们的演说家，可以任意引导群体。一些说法，比如：可恶的资本，罪恶的剥削者，伟大的工人，财富的社会化，等等，总是能够产生同一种效果，尽管它们已经有点过时。但是，一个能够发明没有什么确定的含义的新口号，并因此而可以适用于各种诉求的人，一定会获得大胜。1873 年血腥的西班牙革命就是使用了一个魔法般的词，其意义非常复杂，每个人都可以根据自己的希望去解读。当时的一位作家讲述了革命的起因，他的一些说法值得我们引用：

“激进党发现，一个统一的共和国，其实就是一个改头换面的君主立宪制，所以，为了取悦他们，科尔泰斯家族齐声提出了‘联邦共和国’的说法。没有一个选民知道，他们刚刚选出的是个什么东西。但是，‘联邦’这一叫法让所有人高兴，类似一种谵妄，一种沉醉。好像人们终于在地球上开始了美德和幸福的统治。有政敌不承认一名共和党人是‘联邦’的，此人会觉得受到了莫大的侮辱。人们在街上相遇时，会互相致意：‘向联邦共和国致敬！’随后，大家就会齐声为了不受约束的神圣国家和自治的战士高唱战歌。这个‘联邦共和国’究竟是什么？有人认为，就是每个省的解放，是像美国一样的制度，在行政上去除中央集权；其他人则认为是打破一切权力，以带来整个社会资源的开放。巴塞罗那和安达卢西亚的社会党人强调市镇的绝对主权，他们设想，要在西班牙设立一万个独立的市镇，所有的法律都由自己制定，一下子可以同时取消军队和宪兵。很快，在南方的一些省份，每个城市，每个村庄，都出现起义。一旦一个市镇宣布了他们的纲领，它首先做的，就是要切断电报，毁掉铁路，与马德里和邻近的市镇断掉联络。没有一个小镇不想去按自己的法则行事。联邦制让位给了一种粗暴的、杀人放火的地方制度。到处都在过着血淋淋的农神节。”

至于逻辑推理对于选民的心智产生的影响，只要读一读任何一次选举会议的记录，就会对此有明确的结论。人们在会议上互相交流靠的是断言、辱骂，甚至大打出手。但从来都没有理性。假如有一刻，突然安静下来了，那一定是一个性格古怪的人，突然宣称要给候选人提出一个非常难以回答的问题。听众最爱听这样的问题。但是，敌对者的满意并不会持续太久，因为提问者的声音，很快就会被对手的喧闹声覆盖住。我们可以把以下的一些记录，视为此类会议的典型，这是从成百上千个相似的记录中抽取出来的，主要来自一些报纸：

“一位组织者要求与会人员推举一位大会主席。一下子就炸锅了。无政府主义者跳上舞台，想夺走桌子。社会党人奋力保护它；大家打了起来，互相指责对方是奸细，是内奸，等等。一位公民眼睛被打肿了，退了出去。

最后，终于在喧嚣之中，桌子摆好了，X先生站在了讲台前。

演讲者针对社会党人狠狠地发难。社会党人打断他，大声喊叫：‘混蛋！强盗！流氓！’诸如此类。面对这些叫法，X先生陈述了一种理论，根据这一理论，社会党人都是‘傻子’或‘搞恶作剧的人’。

阿尔曼党人[1]昨天晚上在位于庙侧街的交易所大厅里组织了一次

---

① 让·阿尔曼(Jean Allemane, 1843—1935)，法国社会主义政治家，工会组织者。1890年成立“社会主义革命工人党”。他的追随者也被称为阿尔曼党人。(译者注)

预备会议，准备庆祝五月一号的国际劳动节。主旨词是‘宁静、平静’。

G 先生大骂社会党人是‘混蛋’‘骗子’。

一听到这些词，听众和演说者们开始互相对骂。接着就打了起来。椅子、长凳、桌子都用上了。等等。”

不要以为，这样的讨论仅限于一类特殊的选民，是他们的社会处境造成的。在所有匿名的聚会中，即便参与者由清一色的文化人组成，讨论也可以很快就变成同样的情形。我已经证明了，群体中的人一般智力会趋同。每时每刻，我们都可以找到证据。比如说，以下是一个纯粹由学生组成的会议的记录：

“随着夜幕的降临，越来越吵闹。我觉得，没有一个演说者可以说上两句话而不被人打断。每一刻都有喊叫声此起彼伏，或者从四处传来。人们在鼓掌，吹口哨，在不同的演说者之间激烈争论。人们举起拐杖，大声威胁。人们用脚有节奏地跺地，打断发言人的声音和要求发言的声音四处响起：‘滚出去’，‘上台！’

C 先生将各种形容词联系在一起：可恶的、懦弱的、可怕的、流氓的、坏蛋、报复心重的，等等，并提出他要摧毁所有这些东西，等等。”

人们可以自问，在这样的条件下，一个选民的意见如何能够形成？但是，问这样一个问题，就是对一个集体可以享有的自由程度抱有幻想。群体拥有的，是人们强迫他们接受的，从来都不是理性让他们接受的。选民的意见和选民的投票，都掌握在选举委员会的人手中，这些委员会的领头人往往是一些酒商，他们对工人可以产生很大的影响，因为他们向工人赊账。施莱尔先生，一位民主制度的坚定捍卫者这样问道："你们知道什么是选举委员会？它是我们的制度的钥匙，是政治机器的主要零件。法国今天就是被委员会统治的。"①

因此，对委员会产生影响，也并非很难的事情，只要候选人是可以被接受的，而且有足够的资源。照一些捐赠者自己的说法，只要有三百万，就可以让布朗热将军在各级选举中获胜。

这就是选民群体的心理。它与其他群体的心理是一样的。既不更好，也不更坏。

因此，我不会因上所述，而得出反对全民普选的结论。出于一些实用的原因，如果我能决定它的命运，我会原封不动地保留

---

① 委员会，无论它们的名字叫什么：俱乐部，工会，等等，构成了群体力量的可怕危险之一。事实上，它们代表了暴政的最没有个人性的形式，也就是最具迫害性的形式。委员会的领袖们总是以集体的名义发言、行动，因此，可以摆脱一切责任感，说什么、做什么都可以。最粗暴的暴君，也从来没有幻想过可以做出革命委员会的那些决定。巴拉斯写道，革命委员会对国民公会的成员大开杀戒，让他们随时付出昂贵的代价。只要可以以委员会的名义说话，罗伯斯庇尔就是绝对的主人。到了有一天，这位可怕的独裁者出于自己的自尊心的原因，离开了他们，从此就开始了他自己的灭亡。群体的统治，就是委员会的统治，因此也就是领袖的统治。人们无法想象更为纯粹的独裁。（作者注）

它现在的形式。我下面会指出这些原因，它们源自我对群体心理的分析。但之前要先说一下全民普选的坏处。

全民普选的缺陷自然是太明显了，所以不可能不看到。我们不能不承认，人类文明就是由一小批高级精英构建起来的，他们构成了一个金字塔的顶尖。金字塔随着价值的递减而向下扩展，每一层都代表了一个民族的深层阶层。一种文明的伟大，自然不能取决于低级成员的普选，因为他们代表的只是数量。而且，群体的普选可能还是危险的。他们已经给我们招来了好几次入侵；而随着社会主义的胜利，民众拥有最高权力的幻想肯定将会让我们付出更大的代价。

但是，所有这些反驳，在理论上当然是很好的，在实际上却会失去它们所有的力量，因为思想一旦转化为教条，会具有不可战胜的力量。群体拥有最高权力的信条，从哲学角度来看，跟中世纪的宗教信条一样，是不值一驳的，但是今天，它具有绝对的威力。因此，它与我们以前的宗教信条一样，不能受到攻击。假设，一个现代自由思想家，借助一种魔法穿越到了中世纪。你们以为，面对当时占主导的宗教思想拥有最高权力的力量，他会尝试去与它们斗争吗？假如他落到了一个法官的手中，被指控与魔鬼定下了一个协定，或者经常参加魔鬼的活动，要被烧死，他会想到去质疑魔鬼和魔鬼聚会的存在吗？跟群体的信仰，是不能争论的，正如我们无法与飓风争论。普选的教理，已经拥有与以前的基督教教理同样的力量了。演说家和作家们提到它时，带有的尊重和崇拜，是当年的路易十四都没有享受到的。因此，面对普选，就要像当时面对所有宗教信条一样。只有时间，可以对它产生影响。

试图去动摇这一信条，完全没有用处，因为它有着表面上的理由。托克维尔非常正确地说：“在一个平等的时代，人们对于别人产生不出信仰，因为他们彼此相似；但是，正是这样一种相似，使得他们对于公众的判断，带有一种几乎无限的信任。因为他们无法不相信，既然每个人都有着同样的见识，真理一定是在多数人那里的。”

现在是否需要假设，一种有限制的普选——比方说，以能力为限制——可以改善群体的选举？我一刻也不能接受这样的说法。原因就是前面提到的所有集体的智力低下，无论该集体由什么样的人组成。我重复一遍，在群体中，人们都会趋同，在一些普遍问题上，四十个院士的集体意见，并不比四十个担水的挑夫的集体意见更高明。我不认为，那些被指责的普选结果，比如说恢复帝制，假如投票者仅仅从学者和文人中间选出，会有什么区别。对于一个个体来说，掌握希腊语或者数学，是建筑师、兽医、医生，还是律师，在一些情感问题上，他并不会比别人更聪明。我们所有的经济学家都是一些有学识的人，大部分是教授和院士。难道有哪怕一个普遍的问题，比如说保护主义，是他们具有共识的？在社会问题中充满了未知因素，被一种神秘的逻辑或者情感的逻辑所主导，所有的无知都会趋同。

因此，假如仅仅由一些颇有学识的人组成一个选举集体，他们的投票，将不会比今天的更好。他们主要会被自己的感情主导，跟着自己政党的精神走。我们今天遇到的任何问题将不会减少，相反，还会出现因为等级集团而带来的严重问题。

群体的选举在任何地方都是差不多的。无论它是普选，还是受到限制的，无论是在一个共和国，还是在一个君主立宪体制内，无论是在法国、比利时、希腊、葡萄牙或者西班牙，都体现着一个种族的无意识的追求和需求。选民的平均水平，即代表着每个民族的种族之灵魂的平均水平。从一代人到另一代人，我们看到的，都是基本一样的。

因此，我们又一次遇上种族这一根本问题，之前我们已经多次遇上它，还有另外一个由它衍生出来的问题，也就是制度和政府在人民的生活中，起到非常微薄的作用。人民主要是由种族的灵魂所引导的，也就是由祖先的遗留物所主导，而灵魂就是这些遗留物的总和。种族，以及错综复杂的日常需求，这就是影响我们命运的神秘主人。

第五章
议会

议会群体有着大部分非匿名性异质群体的共同特点 /
意见的简单化 /
可暗示性，以及这一可暗示性的局限性 /
不可改变的固定意见，以及多变的意见 /
为什么占主导的是不确定性 /
领袖的作用 /
领袖的威望从何而来 /
领袖是一个议会的真正主人，因此，议会的投票结果，只是一小部分人的投票结果 /
领袖产生的绝对影响 /
领袖的演讲艺术中的元素 /
词语和意象 /
一般来说，领袖在心理上必须具备坚定的、

狭隘的信念 /

一个没有威望的演说者，

不可能做到让人接受他的理性推论 /

在议会中，无论是好的情感，还是坏的情感，

都是被夸大了的 /

在有些时候，议会里会出现一种自动木偶的效果 /

国民公会的会议 /

议会可能失去群体特征的情况的一些例子 /

在技术问题上专家的作用 /

在所有国家，议会体制的优点和危险 /

议会体制符合现代需求，但会导致财政上的浪费，

以及对所有自由的逐渐约束 /

结论。

议会代表了非匿名的异质群体。尽管根据时代和人民的不同，组成议会的人员的招收方式会不同，但是，他们在特征上有许多相似之处。我们可以感受到，种族的影响会减弱或者增强这些特征的表现，但从不能阻碍它们的表现。区别巨大的国度的议会，比方说希腊的，意大利的，葡萄牙的，西班牙的，法国的，或者美国的，在他们的讨论和投票方式上，存在许多相似之处，让政府遇上同样的困难。

而且，议会制度综合了所有现代文明民族的理想。它体现了一个心理学上错误的，但被普遍接受了的想法，也就是说，许多人聚集在一起，要比一小部分人聚在一起时更能够对于一个特定的议题做出智慧的、独立的决定。

在议会中，我们可以找到群体的普遍特征：思想的过于简单化，易受刺激，容易接受暗示，感情的夸张，领袖的巨大影响。但是，由于他们的特殊构成，议会群体还是表现出一些不同。我们会在后面提到。

他们最明显的特征之一，就是意见的过于简单化。尤其是在拉丁民族，在每一个政党那里，都可以找到一种倾向，就是通过最简单的抽象原则，通过适用于所有情况的普遍法则，去解决最复杂的社会问题。当然，每一个政党的原则是不同的，仅仅因为个体形成了群体，他们总是会夸大这些原则的价值，将它们推至最终的后果。因此，议会代表的，主要是极端的意见。

议会过于简单化的最佳例子，就是我们大革命时期的雅各宾党人士。每个人都是教条的、逻辑的，满脑子模糊、空洞的东西，他们只管固定的原则，而无视事件本身；有人很形象地说他们“经历了大革命，却并没有看到大革命”。带着一些教条，他们就觉得自己可以创造出一个全新的社会，并把一个非常精致的文明拉回到社会发展的史前时代。他们用以实现这一梦想的手段，也带有极其简单化的烙印。事实上，他们只做了一件事，就是将一切阻碍他们的东西都摧毁掉。而且大家都一样：吉伦特派人，山岳派人，热月党人①，等等，都是被同一种精神贯穿。

议会群体非常容易接受暗示，与所有情况一样，能够暗示他们的人，都是具有威望的领袖；但是，在议会里面，可暗示性有着非常清晰的限度，不可逾越，这一点需要在此指出。

有关一些地方性的问题，议会的每一个成员都有固定的、不

---

① 吉伦特派，法国立法议会和法国国民公会中的多数派，因成员大都来自法国的吉伦特省（省会为波尔多）而得名；山岳派，法国立法议会和法国国民公会中的少数派。关于山岳派的叫法的来源，有各种说法。主要的说法是议员们坐在议会的左侧，座位的位置比较高，所以称为山岳，而坐在右侧的议员们人数众多，比较温和，座位的位置比较低，称为平原派。另一种说法是山岳派人士主要居住在巴黎的左岸的圣日娜维也芙山附近，故称山岳派人，而平原派主要居住在塞纳河右岸的平原地带（旺多姆广场和王宫广场之间），故称平原派。还有一种说法认为，山岳派人的叫法是为了向卢梭的《山中信札》致敬。罗伯斯庇尔、丹东等人，均属于山岳派。热月党人，特指在1794年7月26—27日之间，成功对抗罗伯斯庇尔，并下令将他逮捕并处死的法国国民公会成员。根据大革命时期的历法，当时是热月9日。（译者注）

可改变的意见，没有一个论据可以改变他们。涉及保护主义，或者酒商的特权时，即便具有狄摩西尼的才能[①]，也不可能改变一个议员的投票，因为这代表了有影响力的选民的要求。这些选民在事先的暗示，足以消解之后的其他暗示，让意见保持一种绝对的固定性[②]。

面对一些普遍的问题：撤销一个部门，设立一个新税种，等等，意见的固定性就消失了，领袖的暗示开始起作用了，但与在一个普通的群体中，还是有所不同。每个政党都有一些领袖，有时候可以起到相等的影响。于是，议员会处于几种相对立的暗示之间，因此，必定犹豫不决。因此，我们就会看到，只不过十五分钟的时间，他就以完全相反的方式投票，给一个法律附加一个条款，从而毁掉该法律，比方说，不允许企业家们挑选工人和开除工人，然后，又附加一个修正案，几乎就让这一措施无法执行。

因此，每遇上一次法律制定，在一个议会中，既会有非常固定的意见，也会有非常不确定的意见。说到底，由于普遍问题在数量上最多，所以，占主导的，还是不确定性，这种不确定性，

---

① 狄摩西尼（DEMOSTHÈNE，前384—前322），雅典政治家，著名演说家。据说，他天生口吃，被人耻笑，于是将小石块含在口中，苦练演说本领，终有所成。（译者注）

② 也许，一位英国老议员的感想尤其适用于那些事先就被固定，并因为选举的需求而变得不可改变的意见："我在威斯特敏特的议员席位已经五十年了，我听到过成千上万的演说；很少有能够改变我的意见的讲话，没有一个演说改变过我的投票。"（作者注）

由于对选民的持续顾虑而一直保持。选民的潜在暗示，总是能够在最后与领袖的影响相抗衡。

但是，在一些议会成员并没有预先固定的意见的议会中，领袖依然是各种辩论的最终主人。

领袖的必要性是非常明显的，因为，他们以团体的首领的名义分布在整个国家。他们是集会的真正君主，群体中的人不能没有主人，因此，一个议会的投票，往往只代表了一小部分人的意见。

我们重复一遍，领袖很少通过逻辑推理来产生影响，而是主要通过他们的威望。一旦随便一个处境让他们没有了威望，他们就不再有影响力。

这种领袖的威望是个人化的，既不因为自己的姓氏，也不因为他本人有多著名。儒勒·西蒙先生在谈到1848年的议会中的伟人时，给了我们一些非常有意思的例子。他当时也是议会成员。

“就在拿破仑三世大权在握之前的两个月，他还什么都不是。维克多·雨果走上讲台。他的讲话并不成功。人们聆听他，就像聆听菲利克斯·皮亚[①]。掌声也很稀疏。沃拉贝尔[②]在提到菲利克斯·皮亚的时候对我说：‘我不喜欢他的想法。但他是法国最伟大的作家之一，而且是最伟大的演说家。’埃德加·基内[③]，这位罕见的、强大的人物，也不被人重视。在议会成立之前，他曾经很有名。在议会中，他丝毫不受欢迎。

政治议会，这是地球上最不能让人感受到天才的光彩的地方。只有一种适合时间、地点的雄辩，才会让人记住，而且人们注重的，不是为国家做出的贡献，而是为政党做出的贡献。人们在1848年向拉马丁致敬，1871年向梯也尔致敬，那是因为当时有一种最重要的、紧迫的利害关系。一旦危险过去了，人们就既不再感恩，也不再害怕。”

我引用了这一段，是因为它其中包含的事实，而非作者做出的解释。这些解释从心理学上看是非常平庸的。一个群体，如果

---

① 菲利克斯·皮亚（Felix PYAT，1810—1889），法国19世纪著名记者、剧作家、政治家。参与巴黎公社并加入领导层，但在巴黎公社“流血周”之前流亡英国，大赦后回到法国，当选为参议员和众议员。（译者注）

② 艾希尔·特纳伊·德·沃拉贝尔（Achille Tenaille de VAULABELLE，1799—1879），法国19世纪著名记者、政治家，曾在立法议会担任议员，一度担任教育部长。（译者注）

③ 埃德加·基内（Edgar QUINET，1803—1875），法国19世纪著名历史学家、诗人、哲学家、政治家。因拿破仑三世上台而一度流亡比利时、瑞士。他的作品，如《大革命》《共和国》，以及他的公共教育思想，深深影响了法兰西第三共和国的一些决策。（译者注）

能够考虑到领袖做出的贡献，无论是为国家的，还是为政党的，那马上就失去了作为群体的特征。群体受到领袖的威望的影响，在他的行为中，不介入任何利害关系的感受，或者感恩。

具有足够威望的领袖几乎拥有绝对的权力。我们知道，一个著名的众议员在许多年当中，都依靠他的威望而施加了很大的影响。在因为一些财务事件而使他的威望一时间消失殆尽之前，他只要发出一个小小的信号，许多部长就会下台。一位作家在以下的文字中清楚地指出了他的行为的后果。

“我们之所以用了贵出三倍的价格买下印度支那的北圻，只能在马达加斯加占据一个不确定的小小位置，在尼日尔河的下游地区不得不放弃整个帝国，并失掉了我们以前在埃及的优先地位，主要都是因为M.C.。他的理论，比起拿破仑的失败，让我们失去了更多的领土。”

我们也没必要过于去恨这位领袖。很明显，他让我们付出了太大的代价。但是，他的影响，一大部分来自他时刻追随公众的意见，而当时的公众意见在殖民地问题上，跟现在的舆论大不一样。一个领袖很少能够超前于公众的意见，他更多的只是顺应它们的过错。

领袖说服人的手段，除了威望之外，还有那些我们已经列举多次的因素。为了能够精明地操纵人，领袖必须能够进入群体的心理，至少是以无意识的方式，知道如何跟群体说话，尤其是知道词语、口号和意象的迷人的影响力。他必须具备一种特殊的口才，由坚定的断言和令人震撼的意象所构成，再辅以最初级的逻辑推理。这样的口才，我们在所有的议会中都可以看到，包括最冷静的英国议会。

英国哲学家美因[①]写道："我们可以不断地读到对议会里各种辩论的描述。整个讨论都是在交流一些没有意思的陈词滥调，而且是在一些相当粗暴的人之间进行。对于一种纯粹的民主的想象，这类笼统的说法往往可以产生意想不到的效果。只要用上一些吸引人的词语，总是很容易让一群人接受一些笼统的说法，即便这些说法从未被验证过，而且也许不可能接受任何的验证。"

在这一句引言中的"吸引人的词语"的重要性，不可小觑。我们已经多次强调了词语和口号的特殊力量，只要这些词语和口号是精心挑选出来的，可以唤起非常强烈的意象。下面一段描写，引自一位议会的领袖的讲话，构成了一个非常好的例子：

"哪一天，同一艘船将把不道德的政客和杀人的无政府主义者载向整个大地都在生病、发热的流放之地，他们就可以有时间好好交谈。他们会发现，对方原来是同一种社会秩序中与自己互

① 亨利·森纳·美因（Henry Sumner MAINE，1822—1888），英国19世纪著名法学家、历史学家、人类学家。被认为是法律人类学和法律社会学的先驱。（译者注）

补的一面。”

这样唤起的意象是清晰的，令人震惊的。演说家的所有对手，都觉得受到了它的威胁。他们的眼前一下子出现整片大地都在像人一样生病、发热的地方，看到一艘可以把他们带去的大船，因为，他们也许就属于那一类定义非常宽泛的受到威胁的政客。于是，他们就会感受到国民公会议员的那种隐藏的恐惧，受到断头台的威胁，受到罗伯斯庇尔那些模糊讲话的威胁。这一恐惧总是让他们让步。

领袖应当会说一些最令人难以置信的夸张的话。我在上面提到的那位演说家还断言，说银行家和教士们现在正在勾结发射炮弹的人，说一些大的金融公司的管理者应当像无政府主义者一样接受惩罚，这些惊人之语都没有引起太多的抗议。面对群体，这样的办法总是管用。无论如何断言，都不为过，无论发表多么具有威胁性的言论，也不为过。没有别的东西，更可以让听众害怕。他们害怕如果抗议的话，自己会被视为叛徒或者同谋。

我在前面说过，这样一种特殊的口才，在所有的议会里，都可以见识到。在一些危机的时期，就会更加强烈。从这一个角度去看，读一读大革命时期伟大的演说家们的演说内容，是非常有意思的。他们觉得自己不得不时刻停下来，去抨击罪行，颂扬美德。然后，就发展为反对暴君，发誓要自由生活。不自由，毋宁死。听众一般都会站起来，激烈地鼓掌，然后等安静下来以后再坐下。

有时候，领袖可以是聪明的，有学问的。但是，一般来讲，这对他来说与其说有利，不如说有害。智力能够让人宽容，将使徒必须有的信仰的强度和烈度减弱，因为它会去解释事物的复杂性，可以帮助解释，让人理解。任何时代的伟大的领袖们，尤其是大革命时期的，都是智力有限的人，却完成了巨大的行动。

他们当中最著名的一位，罗伯斯庇尔，他的讲话经常会因为其中的不连贯性而令人瞠目结舌。从他的演讲中，我们找不到任何东西，可以解释这位权重一时的独裁者为什么可以起到如此重要的作用：

“讲的都是一些陈词滥调，而且逻辑重复，属于一种拉丁文化的教科书式的口才，其灵魂与其说淡而无味，不如说幼稚，无论是在攻击时，还是在捍卫自己时，都只说小学生都会说的‘你敢！’没有思想，没有修辞，没有特色。暴风骤雨之下，是一片无聊。从他无趣的讲话中走出的时候，我们很想跟可爱的卡米耶·代穆兰[1]一样，发出一声长吁。”

---

① 卡米耶·代穆兰（Camille DESMOULINS，1760—1794），律师、记者，法国大革命时期重要的革命家、演说家。起初与罗伯斯庇尔友谊甚笃，后来于1794年4月5日与丹东一起在革命广场（今协和广场）被罗伯斯庇尔处死。（译者注）

想想也可怕，一种坚定的信念，加上极其狭隘的精神，就可以让一个有威望的人具有如此的权力。然而，要想看不到阻碍，知道如何推行自己的意志，还就必须具备这些条件。群体本能地在这些精力充沛的坚定信念者身上，看到了自己所需的主人。

在一个议会中，一次演说的成功，几乎只取决于演说者的威望，而非他提出的理性理由。

一个默默无闻的演说者，带着一个理由充足，却又尽是些理性的理由的讲稿，甚至没有被聆听的机会。

一位前议员，代库伯先生，在以下的文字中，勾勒出了一位没有威望的立法者的形象：

“他站到讲台前，从包里拿出一份文件，认真地放在前面，开始信心十足地讲话。

他自我感觉良好，觉得可以在听众的灵魂里，输入他能感到的那种信念。他的论据充足，充满了数字和证据。他坚信自己是有道理的。面对他带给大家的确信，任何抵抗都是无用的。他讲着，觉得自己讲得头头是道，也相信下面的同行与他意见一致，因为他们肯定只想一件事：在真理面前俯身称臣。

讲着讲着，他突然感到了大厅里的骚动，嘈杂的声音渐渐传来，让他有点恼火。

为什么静不下来呢？为什么大家这么不专心？那些人相互交

头接耳，是在想什么？那个人有什么急事，要匆匆离开他的席位？

他的额头上出现一丝担忧。他皱一皱眉头，停了下来。在大会主席的鼓励下，他提高了声音，继续讲。但人们更不听他讲了。他加强了语气，他开始躁动：身边的噪音加倍了。他自己都听不到自己说话了。他停了下来，又害怕自己的安静会引来那句可怕的‘散会’，就又开始加快速度讲。噪音变得不可忍受。”

议会到了一定的刺激程度，跟普通的异质群体就一模一样了，而且他们的情感有一个特点，就是总是极端的。我们可以看到他们做出最英雄主义的事，或者最糟糕过分的事。个体不再是自己，可以为一些与自己的个人利益正好相反的措施投出赞成票。

大革命的历史证明了，议会在多大程度上，可以变为无意识的，从而接受与他们的利益相反的暗示。贵族放弃特权，是巨大的牺牲，然而，就在议会著名的一次晚上开的会上，贵族们毫不犹豫地这么做了。对于议员来说，放弃自己的豁免权，就意味着时时刻刻会有死亡的危险，然而，他们也投票了，而且丝毫不害怕互相之间进行揭发。其实他们非常清楚，今天是他们的同行们上断头台，明天就该轮到他们自己了。但是，到了我所描绘的彻底成了自动木偶的境地，就没有一点思考可以阻碍他们去接受催眠他们的那些暗示。他们当中的一员，比佑-瓦莱纳[①]的回忆录中有一段，在这一点上是最典型的。他说，“那些被人们如此诟病的决定，在很多情况下，在前两天，前一天，我们都是不同意的；但危机一来，我们就都同意了。”确实是这样。

在国民公会议员所有暴风骤雨式的会议上，同样的无意识的现象都会发生。丹纳写道：

“他们对他们最不喜欢的事情，不光是蠢事，疯狂的事，而且还有罪行，对无辜者的屠杀，杀害自己的朋友，等等，都投票同意，而且颁布法令。左翼的人与右翼的人联合，全票通过，而且带着掌声，将他们天然的领袖、大革命的伟大的推进者和领导者丹东，送上断头台。右翼的人与左翼联合，全票，而且带着掌声，通过了革命政府最最可怕的法令。国民公会议员们通过一系列自发的选举和再选举，将一个屠杀人的政府维持下来，而平原派是憎恨这个政府的，因为它杀人，山岳派也是憎恨的，因为它削弱了他们的力量，然而，每次的赞同，都是全票，带着热情和敬仰

① 雅克·尼古拉·比佑-瓦莱纳（Jacques Nicolas BILLAUD-VARENNES，1756—1819），法国大革命时期重要政治家。拥护罗伯斯庇尔，后来在热月政变中反对罗伯斯庇尔。之后，其他革命家认为，他与罗伯斯庇尔其实一样沾满鲜血。1795年，被判决流放法属圭亚那。后拒绝拿破仑的特赦，依然留在圭亚那。复辟时期，移居海地，直至去世。（译者注）

的欢呼声，大家都对科罗·戴尔布瓦[①]、库通[②]和罗伯斯庇尔表示热情的支持。就这样，平原派和山岳派，一个是多数派，一个是少数派，都成了杀害自己人的帮凶。牧月 22 日，整个国民公会的人，都把自己的脖子伸向了刽子手；热月 8 日，在罗伯斯庇尔的讲话之后的十五分钟时间内，他们又一次伸出了自己的脖子。”

这样的描述，可能会让人觉得阴暗无比。然而，它是事实。被刺激、催眠到足够程度的议会，都具有同样的特征。它成为流动的羊群，听从一切冲动。接下来的一段，是对 1848 年的议会的描写。我转自《文学杂志》。它是斯普勒先生记录下来的，他的民主信念是不容置疑的。这段描写非常典型。从中可以看到我描述过的群体的所有夸张的情感。这样一种极度的多变，让人从一个瞬间到另一个瞬间之间，就经历最极端的不同情感：

“分歧，嫉妒，怀疑，然后又是盲目的信任，无限的期待。这些让共和党走向了灭亡。它幼稚，天真，却同时要对全世界的

---

① 科罗·戴尔布瓦（Collot d’HERBOIS，1749—1796），法国大革命时期重要政治家。与比佑-瓦莱纳一道，在热月政变中下令逮捕、处死罗伯斯庇尔。与比佑-瓦莱纳一起被流放到法属圭亚那，因发高烧而在当地去世。（译者注）

② 乔治·库通（Georges COUTHON，1755—1794），法国大革命时期重要政治家。曾任国民公会主席。一直忠实于罗伯斯庇尔。热月政变之后，与罗伯斯庇尔、圣鞠斯特等人一起被处决。（译者注）

一切发出挑战。没有任何的法制感，没有任何对规则的理解。接二连三的恐怖，无边无际的幻想：这一点上，就像是孩童和农民的结合体。他们既沉静，又没有耐心，既野蛮，又温顺。这就是典型的性格不健全和缺乏教养。没有东西让他们惊讶，却又什么都让他们手足无措。浑身打战、害怕、勇敢、英勇，他们可以穿过火焰，却也会看到一个影子就往后躲。

他们不知道事物的联系和因果。他们随时会绝望，随时会激动，随时会害怕，总是太高或者太低，永远不在应该在的度上，在适合的点上。他们比水还要流动，可以折射出各种色彩，采取各种形状。在他们的基础上，我们能够指望建立起什么样的政府呢？”

幸运的是，我们在上面描述的议会的特征不是在任何时候都表现出来的。他们只是在一定的时候，才是群体。组成他们的个体在许多情况下，还是能够保持他们的个体性的，这也是为什么一个议会可以制定出许多很好的技术方面的法律。当然，这样的法律是一个专家独自一人在他的书房里准备好的。投票通过的法律，其实是一个个体的工作成果，而非一群议员的成果。这样的法律，自然是最好的。只有在一系列令人无奈的修正案让它们成为集体成果时，这些法律才会变成糟糕可怕的东西。群体的工作，无论何处，总是不如一个孤立的个人的工作。独自一人的专家，可以避免让议会投票同意过于混乱、太没有经验的措施。于是，他们可以成为暂时性的领袖。议会对他们没有影响，而是专家影响议会。

尽管在运行上有各种困难，到目前为止，议会制度，依然是人民能够找到的最好的治理手段，尤其可以以最佳的方式，从个人暴政的枷锁下解脱出来。它肯定是一个政府的理想状态，至少对于哲学家、思想家、作家、艺术家和学者来说，也就是对所有构成一个文明的尖端的人士来说。

而且，它仅仅代表了两种严重的危险：财政方面的必然浪费，以及对于个体自由的渐渐约束。

第一种危险，是选举群体不断的要求和缺乏远见所带来的必然后果。一些议员提出一些议案，看上去是满足了民主的想法，比方说，为所有工人保证退休的权利，增加农民、小学教师的收入，等等，在这种情况下，其他议员受到对选民的害怕的暗示，不敢显示出对这些人的利益的蔑视，去拒绝那些议员的提案，虽然他们心里非常清楚，这会大大加重预算的压力，需要去增设新的税种。在投票的时候犹豫不决是不可能的。增加投入的后果是要很久以后才体现出来的，对他们本人没有可怕的后果。而一次否决的投票，则在第二天就可以看到后果，因为需要他们去面对选民。

这是第一个导致财政超支的原因。另外还有一个原因，同样难以回避：必须同意所有纯地方性的支出。一名议员不可能提出反对，因为这里又涉及选民的要求，同时，每一个议员要想满足在涉及自己的选区时的要求，就必须答应他的同事们的相应要求[①]。

上面提到的第二种危险，即议会将迫使人们的自由度降低，看上去并不那么明显，却是非常现实的事情。这一危险的原因是，众多的法律都有很大的限制度，议员们却由于头脑简单，看不到长期的后果，觉得必须通过这些法律。

这一危险一定是不可避免的，因为即便是英国，有着最完美的议会制度典型，而且议员相对于选民具有最大的独立性，也没

---

① 在1895年4月6号一期的《经济学家》上，我们可以看到一个非常有意思的证据，证明在一年内，为了纯粹满足选民的利益，需要付出的巨大支出，尤其是在铁路建设方面。为了将远在一个山顶之上的朗盖伊镇（3000个居民）跟勒皮市连接在一起，人们投票赞成修建一条铁路。1500万。将波蒙（3500个居民）和卡斯泰尔-萨拉赞连接起来，700万。将乌斯村（523个居民）与赛克斯村（1200个居民）连接起来，700万。将普拉德与奥莱特镇（747个居民）连接起来，600万。等等，等等。仅1895年一年，就投票赞成了9000万的铁路预算，都是些没有整体利益的铁路。其他还有纯粹为满足选民的支出，也同样不可小觑。有关工人退休的法律，根据财政部的资料，很快就会至少让国家每年支出1亿6500万。而按照勒鲁瓦-波利厄院士的计算，更是要高达8个亿。这样的支出的不断加码，最后必定导致破产。许多欧洲国家：葡萄牙、希腊、西班牙、土耳其，都已经破产了。其他国家不久就会面临破产。但是，我们是否因此就需要忧心忡忡呢，因为公众已经渐渐接受，不同国家的国债的支付减去五分之四，也没有出现太大的抗议。这种聪明的破产，在短时间内，会很快让这些巨额的预算收支平衡。战争、社会主义、经济斗争，也都让我们必须准备好面临各种灾难。我们现在进入了一个整体溃败的世界，我们必须接受自己要过一天是一天，不怎么去想那不可预知的明天。（作者注）

有能够躲避这一点。赫伯特·斯宾塞在一部旧作中就已经指出，表面上的自由的增加，一定会伴随着真正的自由的减少。他在《人与国家》一书中，再次提出同样的论点。他这样描述英国议会：

“从这一时期开始，法律体系就按着我指出的方式进行。专制的措施不断增多，持续地约束了个人的自由。以两种方式：每年都确立数量不断增多的规定，将一种限定强加于个体身上(之前，个体的行为完全是自由的)，并迫使他去完成一些行为(而之前，这些行为是可完成也可不完成的)。同时，公共的支出越来越沉重，尤其是地方性支出，削减了他本可自由支配的利润，增加了他被剥夺的、可以被公共人员随意使用的部分，从而约束了他的自由。”

这种自由的逐渐减少，对于各个国家来说，都以一种特殊的方式进行，赫伯特·斯宾塞没有提到的是：创立大量的立法措施，而每个措施又都是约束性的，必定会增加那些实施措施的公务人员的数量、权力和影响。他们会渐渐成为文明国家的真正主人。他们的权力尤其大，因为政府不断更替，而行政阶层可以维持不变，从而只有他们可以不负责任，不涉及自身，长期不变。然而我们知道，在所有形式的专制之中，正是那些以这三种形式表现出来的专制最难被摆脱。

约束性的法律和规则的不断创立，让生活中最细小的行为都蒙上了最为复杂的形式程序，其致命的后果，是渐渐缩小公民可以自由活动的空间。人们成为一种幻觉的牺牲品，以为法律越多，平等和自由就可以得到更多的保证，结果是每天都在接受越来越沉重的束缚。

这样的接受，必定会有后果，习惯了忍受所有的枷锁之后，他们很快就会转而去寻找枷锁，并失去一切的自发性和能动性。他们变成了无用的影子，被动的木偶，没有意志，没有抵抗力，没有力量。

但是，人在自己身上不再能够找到的发条，他必须去别处寻找。随着公民越来越漠然和无能，政府的作用就不得不变得更大。政府必须具备个体不再拥有的创新精神，主动性和行为能力。他们必须主导一切，领导一切，保护一切。国家就会变成是全能的上帝。但是，经验告诉我们，这样的神一般的权力，从来都不是持久的，也不是真正强大的。

在一些民族中对所有自由的逐渐约束——尽管有一种法律保护，让他们产生幻觉，以为自己拥有自由——仿佛不仅仅源自一种体制，而是同时源自该民族本身的衰老。它构成了一种先至的征象，预示该民族已经进入了衰败的阶段。直到今天，还没有一种文明得以逃避这一阶段。

假如我们依据过去的教训，以及来自各方的明显征象，那么，我们可以说，我们的许多现代文明已经进入了衰败之前的极度衰老时期。对于所有的民族来说，有些演变显得是致命的，因为我们看到，历史在如此经常地重复这些过程。

想要简明扼要地标示出这些演变的各个阶段是很容易的。在本书结束之际，我们来概述一下这个过程：

假如我们从主要线索来看那些在我们之前的文明的辉煌和衰败是如何发生的，我们能看到什么？

在这些文明的黎明时期，有一小部分人，出身不尽相同，因为变迁、入侵和征服等原因，偶然地聚集到了一起。这些人的血统不同，语言和信仰也非常多样，他们的共同联系，就是对一位首领的法则有着或多或少的遵从。在他们蒙昧的聚集之中，有着群体心理特征的最高体现。他们有着临时的凝聚力，英雄主义，脆弱，冲动和暴力。他们身上没有稳定性。他们是野蛮人。

随后，时间会完成它的工作。阶层的认同，不断的通婚，共同生活的必要性，渐渐起到了作用。不同整体的聚集群开始产生融合，形成一个种族，也就是一个具有共同特征和情感的聚集体，遗传会渐渐固定这一聚集体。群体变成了民族，该民族将可以走出野蛮。

然而，它要做到这一点，需要在长期的努力，不断的搏斗，不断的重新出发之后，找到一个理想。这一理想的本质是什么，没有关系。无论是对罗马的崇拜,雅典的强大,或者是安拉的胜利,都足以让正在形成过程中的种族中的所有个体具有思想和情感上的完美的统一性。

此时，一种新的文明就可以诞生，包括它的制度、信仰和艺术。种族在它的理想的引导下，可以渐渐拥有一切可以带来光彩、力量和辉煌的东西。在有些时刻，它依然是群体，但是，在群体流动、变化的特征之后，会有一个固定的基质，就是该种族的灵魂，它将对一个民族的摇摆不定产生严格的限定，并减少随机性。

但是，在完成了创造行为之后，时间就开始它的破坏工作。神灵与人，都无法逃避这一工作。当文明达到了一定程度的强大和复杂之后，就不再继续发展。而只要它不再发展，它就必定会很快衰落，很快就会出现衰老的时刻。

这一不可避免的时刻的标志，就是支撑着种族的灵魂的理想，开始减弱。随着这一理想的黯淡，所有从它那里得到灵感来源的宗教、政治或社会建筑，就开始动摇。

随着其理想的渐渐消亡，种族越来越失去让它一致、统一，为它带来力量的东西。个体的性格和智力可以增长，但同时，种族的集体自私被个体自私的极度发展所替代，随之而来的，是种族的性格的减弱，以及行动能力的减小。构成一个民族，一个统一体，一个整体的人，最后变成一群没有整体性的个体的聚集，被传统和制度人为地维持，在一段时间内苟延残喘。于是，人们被他们的利益和追求所分化，不再知道如何管理自己，就会要求在任何细小的行为上，都被领着走，从而让国家行使它引人注目的影响力。

随着古老理想的彻底丢失，种族最后也就失去了它的灵魂。它只不过是无数孤立的个体，重新成为它在出发点时的样子：一个群体。它会表现出所有的过渡性质的特征，没有实质性，没有明天。文明不再具有任何固定性，听任一切偶然的摆布。贱民成为君王，野蛮人脱颖而出。文明可以看上去依然亮丽，因为它保留了长期的过去创造出的外立面，但事实上，它已经是一个被虫蛀得千疮百孔的建筑，没有任何的支撑，只要风暴一来，就会倒塌。

追随一个理想，从野蛮走向文明。然后，一旦这个理想失去了它的力量，就开始败落，消亡。这就是一个民族的生命历程。

作者 [法]古斯塔夫·勒庞
Gustave Le Bon（1841—1931）

法国著名社会心理学家、社会学家，群体心理学创始人。

青年时在巴黎学医，后来游历了欧洲、北非和亚洲，完成了多本人类学和考古学著作。1895 年出版了群体心理学的经典著作《乌合之众》，全书涉及心理学、社会学、传播学、政治学等方方面面，被誉为了解群体心理的入门级经典，也是学术殿堂光芒万丈的名著，在全球以 20 多种语言出版，成为各行各业精英领袖的必读之书。

勒庞代表作有《乌合之众》《民族演变的心理法则》《法国大革命和革命心理学》《战争心理学》等。

译者｜董强

诗人、学者，傅雷翻译出版奖组委会主席，北京大学法语系主任、博士生导师。中法两国在教育、文学、翻译、艺术等多领域交流的重要参与者和见证者。

迄今为止唯一将《论语》翻译成法文的中国学者，著有其他著作、译著逾三十余部。曾在法国游学 12 年，期间用法语出版诗集《松绑的手》，赢得法国文化界名人诺贝尔文学奖得主勒克莱齐奥、文学大师米兰·昆德拉等人的一致赞赏。

1998 年，被法国知名媒体《费加罗》杂志评为“年度杰出华人”。

2001 年，回到北京大学法语系任教，持续推动中法文化交流和传播。

2008 年，成为荣获法国政府“教育骑士”荣誉勋章的最年轻学者。

2013 年，荣获法兰西学院至高荣誉“法语国家联盟金奖”。

2014 年，入选“中法建交 50 年 50 人”。

2015 年，法国三任总理同台授予其“荣誉军团骑士”勋章。

2016 年，获颁比利时布鲁塞尔自由大学“荣誉博士”称号。

2016 年，当选法兰西道德与政治科学院外籍终身通讯院士，为该院 200 余年来首位华人通讯院士，《新闻联播》、新华社、《人民日报》纷纷报道。

作家榜®经典名著

★ ★ ★ ★ ★ ★ ★ ★

读经典名著，认准作家榜

作家榜是中国国民文化品牌，自2006年创立至今始终致力于“推广全球经典，促进全民阅读”，连续13年发布作家富豪榜系列榜单，成功将不同领域的写作者推向公众视野，引发海内外媒体对华语文学的空前关注。

旗下知名图书品牌“作家榜经典名著”，精选经典中的经典，由优秀诗人、作家、学者参与翻译，世界各地艺术家、插画师参与插图创作，策划发行了数百部有口皆碑、畅销全网的中外名著，帮助无数人爱上阅读。如今，“集齐作家榜经典名著”已成为越来越多阅读爱好者的共同心愿。

作家榜除了让经典名著图书在新一代读者中流行起来，2023年还推出了备受青睐的“作家榜文创”系列产品，一举让经典名著IP融入到人们的日常生活中。作家榜品牌母公司大星文化，总部位于中国上海市。

策　　划｜作家榜®
出　　品｜

出 品 人｜吴怀尧
产品经理｜俞延澜　宗建华
美术编辑｜陈　芮
内文插图｜李宁浪
封面设计｜邵　飞
特约印制｜朱　毓

版权所有｜大星文化
官方电话｜021-60839180

图书在版编目（CIP）数据

乌合之众：群体心理学 /（法）古斯塔夫·勒庞著；董强译. -- 杭州：浙江文艺出版社，2018.2（2024.3重印）
（作家榜经典文库）
ISBN 978-7-5339-5170-2

Ⅰ. ①乌… Ⅱ. ①古… ②董… Ⅲ. ①群体心理学–研究 Ⅳ. ①C912.64

中国版本图书馆CIP数据核字（2017）第328650号

责任编辑：瞿昌林　赵阳

乌合之众

群体心理学

［法］古斯塔夫·勒庞 著　　董强 译

全案策划
大星（上海）文化传媒有限公司

出版发行
浙江文艺出版社
杭州市体育场路347号　邮编 310006
浙江省新华书店集团有限公司 经销
上海盛通时代印刷有限公司 印刷

2018年2月第1版　2024年3月第10次印刷
889毫米×1194毫米　32开本　7.375印张　8插页
印数：80001–86000　字数：129千字
书号：978-7-5339-5170-2
定价：49.80元